운명을 바꾸고 인생도 바꾼다

운명을 바꾸고 인생도 바꾼다

초판 1쇄 인쇄 2019년 11월 8일
초판 1쇄 발행 2019년 11월 15일

지은이 이현우
펴낸이 이태선
펴낸곳 창작시대사

등록번호 제2-1150호(1991년 4월 9일)
주소 경기도 고양시 덕양구 행주로 83번길 51-11(행주내동)
전화 031-978-5355 **팩스** 031-973-5385
이메일 changzak@naver.com

ISBN 978-89-7447-221-4 03190

운명을 바꾸고
인생도 바꾼다

이현우 지음

창작시대

인간을 현재의 모습으로 판단한다면
그는 더 나빠질 것이다.
하지만 그를 미래의 가능한 모습으로 바라보라.
그러면 그는 정말로 그런 사람이 될 것이다.

- 요한 볼프강 폰 괴테

욕심을 버리면
안 보이던 모든 것들이 보인다

좋든 싫든 어떠한 조직 속에 여러 겹으로 둘러싸여 살아가는 것이 우리의 현실이다. 우리들은 직장이나 기타 조직의 조직원일 뿐 아니라 가족의 일원으로 존재한다. 또 동호회, 동창회, 지역사회 등을 구성하는 일원이기도 하다.

이러한 조직은 하나같이 나름대로의 규칙을 가지고 있다. 만일에 당신이 그 규칙을 제대로 지키지 않는다면 그 조직에서 소외되는 것은 물론이려니와, 때로는 그 안에서 살아가는 것조차 어려워질 수 있다. 이 규칙의 기초를 이루는 것은 그 조직 내의 인간관계라고 할 수 있다. 상호 인간관계가 원만하느냐 그렇지 못하느냐는 상대방의 마음을 얼마나 정확하게 읽을 수 있느냐에 달려 있다고 해도 지나친 밀이 아닐 것이다.

인간은 누구나 자아도취적이고 자기애적인 경향이 있기 마련이다. 따라서 나만은 남들처럼 상대방의 마음을 잘못 읽게 되는 경우는 없다고 생각하기 쉽다. 그러나 우리는 서로의 사이가 서먹서먹해지거나 틀어지는 등, 일상생활 속에서 인간관계의 불협화음을 항상 체험하고 있다.

이와 같은 실수가 우리의 실생활에 얼마나 많은 손해를 끼치는가는, 바꿔 말하면 상대방의 마음을 정확히 읽는 것이 자기의 인생에 얼마나 보탬이 되는지는 일본의 명장 도쿠가와 이에야스 등 역사상의 인물들을 보더라도 잘 알 수 있다. 그들은 자기의 일을 통하여 젊었을 때부터 고생에 고생을 거듭하고, 그런 가운데 여러 가지 경험을 쌓으면서 그 길을 끝까지 걸어온 사람들이다.

그들과 달리 평범한 우리들은 상대방의 마음을 잘못 읽어 지금까지 인생이나 일상생활 속에서 다시는 구할 수 없는 많은 것들을 잃어버린 것은 아닐까?

우리들은 자신도 모르는 사이에 모처럼의 승진이나 영전의 기회, 그리고 각종 거래의 성사나 심지어 결혼의 기회조차 놓쳐버렸을지도 모른다. 또 기업에서는 간부가 부하 직원의 마음을 잘못 읽어 그들의 능력을 충분히 발휘할 수 있는 기회를 주지 않았을지도 모를 일이다. 그로 인해 그 부하 직원은 일생을 완전히 망쳐버렸을지도 모른다.

또한 우리들은 매일 매일을 많은 사람들과 다각도로 접촉을 하면서 살아가고 있다. 직장이나 가정에서뿐만 아니라 택시를 탔을 때는 운전기사와, 찻집에서는 웨이트리스와, 백화점에서는 판매원과 짧은 만남의 인연을 가진다.

이렇듯 스쳐 지나는 만남에서도 우리들은 끊임없이 상대방의 마음을 읽고 있다. 당연히 상대방도 내 마음을 읽고 있을 것이다. 이때 상대방의 마음을 잘못 읽음으로써 불쾌감을 갖게 되거나 시비가 생기는 경우도 있다.

이러한 여러 가지 예에서, 우리는 상대방의 마음을 정확하게 읽는다는 것이 본인은 물론 상대방에게 얼마나 중요한 일인지를 충분히 알 수 있다. 즉 그것은 인간관계를 형성하는 성공의 비결이라고 할 수 있는 것이다.

인생은 다른 말로 인간관계라고 표현할 수 있다. 따라서 인간관계야말로 행복한 인생을 실현하는 데 지름길이 된다고 할 수 있을 것이다.

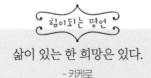

힘이되는 명언

삶이 있는 한 희망은 있다.
- 키케로

차례

chapter 1

조리 있게 말하고 진지하게 경청하기

chapter 2

사소한 것에서 진심 훔치기

chapter 3
좋은 인상 주기와 가면 벗기

chapter 4

심리학에서 습득하는 소통의 기술

조리 있게 말하고 진지하게 경청하기

자랑은 열등감이나 약점을 숨기려는 수단에 불과하다 / 지위를 얻으면 남에게 자신을 내세우지 않는다 / 말이 장황하면 요점이 흐려진다 / 지나친 맞장구는 서로의 감정 교류를 어렵게 한다 / 내용과 표현력에 자신이 없으면 목소리는 작아진다 / '절대'라는 말을 자주 쓰지 마라 / 권유하는 방법에도 기술이 필요하다

겉치레 말과 본심을
제대로 구분하라

'말'은 사람과 사람 사이의 의사를 전달시키기 위한 하나의 도구이다. 때문에 우리는 말을 통해서 그 사람의 의지나 기분 등을 알 수가 있다.

이런 점에서, 마음을 읽는 기술은 우선 말을 분석하는 일에서부터 시작된다고 할 수 있겠다.

말은 본인의 생각을 상대방에게 전달하고자 하는 의지이고, 그 의지가 겉으로 표명된 것에 다름 아니다. 그런데 이때도 어김없이 그 사람 개인의 의식 내부에서 방어기제가 작용을 하여 자신의 충동, 욕구 등의 감정을 수식·가공하는 경우가 많다. 그리하여 본심이 아닌 의례적인 겉치레로 하는 말이 전달되는 것이다.

그다지 친하지도 않은 사람과 모처럼 만났는데, 상대방이 "여보게, 다음에 기회가 있으면 술이라도 한잔하게 우리 집에 한번 놀러 오시게."라는 등의 지극히 사교적인 겉치레 말을 건네는 경우가 이에 속한다.

그러나 우리들은 대개의 경우, 상대방의 본심을 정확하게 읽고 있다. 겉치레에 불과한 인사말을 곧이곧대로 받아들인 나머지 어슬렁어슬렁 상대방의 집을 방문하면 푸대접을 받을 것은 너무나 뻔하다.

그럼에도 상대방의 집을 방문하는 사람을 보통 눈치 없는 사람, 좋게 말해서 호인이라고 일컫는다.

그런 식의 겉치레 말을 하는 사람 내면에는 '탐탁지 않은 사람과 만나서 입장이 난처하다. 빨리 이곳을 떠나고 싶다'라는 충동이 있는 것이다. 그래서 자신의 그러한 마음을 다른 사람에게 들키게 될지도 모른다는 불안과 공포 때문에 그는 자신도 모르게 안전장치(방어기제)를 조작함으로써 진심과는 반대되는 친절한 말을 내뱉게 되는 것이다.

이러한 심리 현상을 반동형성(反動形成)이라고 부른다. 이 반동형성은 본심의 충동(앞의 경우에서는 만나고 싶지 않다는 충동)을 억압한다 하더라도 그 충동이 너무나 강하기 때문에 좀처럼 제어하기 힘들다.

'겉으로는 정중한 듯하면서도 실제로는 무례하다'든가 '지나칠 정도로 공손하다'는 식으로 본인이 충분히 감지한 상태에서 행동할 때는 하나의 책략이 될 수도 있겠지만, 그렇지 않은 경우라면 거의 모든 것을 반동형성으로 보아도 무방할 것이다.

'말'에 의해서 그 사람의 의지나 기분을 알 수 있다고 앞에서 설명한 바가 있음을 잘 알고 있을 것이다. 이는 상대의 '말'을 있는 그대로 받아들이는 경우뿐 아니라, '왜 그와 같은 말을 했을까?'를 분석함으로써 그 사람의 마음을 정확히 읽을 수가 있다는 뜻이다.

서양 사람들은 가끔 "동양인들은 무엇을 생각하고 있는지 그 마음을 헤아리기 어렵다."라고 말한다. 두말할 것도 없이 이것은 문화와 풍토의 차이 때문이다. 겉치레보다는 본심을 드러내도록 교육을 받은 그들로서는 좀처럼 자기의 본심을 드러내지 않는 동양인들을 이해하기가 무척이나 어려울 것이다. 동양인과 서양인의 행동 양식은 방어기제의 작용에서부터 크게 차이가 나는 셈이다.

물론 이런 방어기제의 작용을 가지고 옳고 그름을 논할 수는 없다. '말'에 본심을 담는다고 해서 그것이 반드시 원활한 인간관계가 보장되는 것은 아니기 때문이다. 그것은 단지 문화적인 차이일 뿐, 우리들이 이 책에서 얻고자 하는 '인간의 마음을 읽는 비결'에서는 하나의 연구 대상에 불과한 행동 양식이다.

본심을 말한다고 할 때조차 그것이 과연 본심인지 의심할 수밖에 없는 존재가 바로 우리 인간인 것이다.

진실은 이 세상에서
가장 재미있는 농담이다

"나는 거짓말을 결코 하지 않는다."라고 말한 정치가들을 자주 볼 수가 있다지만, 이 말이야말로 믿기 어려운 진짜 거짓말이다. 어디 정치가들뿐이겠는가. 지금까지 살아오면서 한 번도 거짓말을 하지 않았다고 주장할 사람은 없다고 해도 과언이 아닐 것이다.

'그 사람은 거짓말을 밥 먹듯이 한다'고 평이 날 정도로 거짓말을 자주 하는 사람들이 있는데, 그런 사람들은 사회생활에서 결코 원만한 대인관계를 유지할 수가 없다.

앞서 지적했듯이 거짓말을 하지 않는다고 말하는 사람은 이미 거짓말을 한 것이나 다름없다. 따라서 누구나 의식적이든 무의식적이든 거짓말을 하며, 이유야 어쨌든 거짓말에 속은 상대방은 기만을 당한 셈이 되는 것이다.

거짓말을 하게 되는 동기는 다음에 열거하는 다섯 가지로 분류할 수 있다.

❶ 처음부터 계획적으로 뭔가 이익을 얻기 위해서 하는 거짓말이다.

두말할 것도 없이 나쁜 일이지만, 평범한 사람도 일상생활에서 흔히 겪는 일이다.

그 극단적인 예는 우리가 흔히 '사기꾼'이라고 부르는 사람들에게서 볼 수 있다.

❷ 허세나 원망 때문에 하는 거짓말이다.

허세 때문에 하는 거짓말은 열등감을 감추려는 심리가 작용한 것이다.

이런 경우에는 상대방보다 유리한 입장에 서고 싶다는 심리가 작용하는 것이 태반이다. 성적이나 학력, 또는 직업이나 외모, 그리고 몸에 걸치고 있는 옷이라든가 장식품의 가격 등이 열등감의 요인이 되기 쉽다.

그리고 원망으로 인한 거짓말은 어린이가 공상을 현실과 일치시키는 것이 그 대표적인 케이스다. 물론 이런 경향은 어른들에게서도 흔히 볼 수 있다.

❸ 한순간을 모면하기 위해서 하는 거짓말이다.

이 경우도 상황에 따라서 여러 가지로 나뉠 수가 있는데, 여기에는 공통점이 있다. 그것은 순간적으로 거짓말을 한다는 점이다.

그러나 거짓말을 함으로써 일시적으로나마 그 위기를 모면할 수는 있지만, "입 밖으로 새어나간 한 마디의 거짓말을 숨기기 위해 스무 마디의 거짓말을 만들어내지 않을 수 없다."는 미국 대통령 제퍼슨의 말처럼 그 꼬리까지 감출 수는 없는 것이다.

예를 들면, "○○○씨, 그 보고서는 어떻게 됐어?"라는 상사의 독촉에 "네, 어제 완성했습니다. 시간이 모자라 집에 가지고 가서 끝마쳤습니다. 그런데 아침에 깜박 잊고 그 보고서를 집에 두고 왔습니다. 내일 아침에 제출해도 괜찮겠습니까?" 하고 엉겁결에 대답해 버린다.

그는 자기가 내뱉은 말에 묶여서 그날 밤을 꼬박 새워야 하는 입장에 빠진다.

❹ 대화의 흥을 돋우기 위해서 하는 거짓말이다.

대화의 정경(情景)을 강조하기 위해서 실제 일어나지도 않았던 일을 마치 사실인 양 뒤섞어서 말하는 경우가 이에 속한다고 할 수 있다.

❺ 상대방의 기분을 상하지 않기 위해 하는 거짓말이다.

별로 탐탁지 않은 사람의 초대를 받았을 때라든지, 때마침 선약이 있어 불가피하게 거짓말을 하는 경우다.

버나드 쇼는 이렇게 말했다.

"나의 농담 투의 말은 진실을 말하는 것이다. 진실은 이 세상에서 가장 재미있는 농담이다."

거짓말에 대해 강의하는 것은 쓸모없는 일이 되겠지만, 거짓말의 심리학은 상당히 속이 깊은 것이다.

인생에서 원하는 것을 엇기 위한 첫번째 단계는
내가 무엇을 원하는지 결정하는 것이다.
- 벤스타인

자기를 둘러싼 환경과 대립하지 마라

'저는'이라는 말을 자주 쓰는 것은 약하고 여린 심리

대화를 하다 보면 귀에 거슬릴 정도로 '나는', '저는' 하고 말하는 사람이 있다. 나이가 지긋한 어른들 중에서도 그런 사람을 흔히 볼 수 있다.

연령이나 지위에 따라서 "여기 있는 나는…"이라든가 "이 사람은…" 혹은 "본인은…"이라는 말로 변용되기도 하지만 결국은 똑같은 표현이다.

이렇듯 나이 지긋한 어른이 되어서도 '나는', '저는' 하고 자기의 존재를 상대방에게 각인시키려고 하는 것은 그 말이 어렸을 적에 '엄마'라는 말과 거의 동시에 배운 것이라서 쉽게 버리지를 못하기 때문이다.

물론 어렸을 때는 '나는', '저는'이 아니라 그 연령의 발달 단계에 따라 그에 알맞은 말을 사용했을 것이다. 예를 들면 '영이는', '철이는' 따위다.

그런데 문제는, 어른이 된 다음에도 그런 말을 일상생활에 끌어들인다는 데 있다.

이유기가 되면 어린이들은 수유기 때 느꼈던, 모자간의 심신 일체에서 비롯된 안정감을 위협받는다.

그래서 이 시기의 어린이들은 이러한 위협적인 불안감을 해소하고, 지금까지 누려왔던 안정감을 회복하려고 애를 쓰게 된다.

마침 그 무렵부터 어린이들은 대부분 말을 배우기 시작한다. 이때 제일 먼저 배우는 말은 한결같이 '엄마'일 것이다. 어린이들이 '엄마'라는 말을 제일 먼저 배우는 것은 무엇보다 어머니가 자신에게 안정감을 제공해 주는 거의 유일한 대상이기 때문이다.

이어서 어린이들은 '나' 또는 '저'라는 말을 배우기 시작한다. 이는 자신의 존재를 어머니에게 확인시키고, 지금까지와 같은 안정감을 잃기 싫으니 예전처럼 자기를 주목해 달라는 뜻을 전달하기 위해서이다. 어머니의 애정과 보호 없이는 살아갈 수 없는 존재라는 것을 어린이 자신이 너무도 잘 알고 있기 때문이다.

어른이 되어서도 '나는', '저는' 하는 표현을 자주 쓰게 되는 까닭은 자기표현이나 겉치레, 자만, 그리고 어리광 등의 감정이나 욕구를 타인에게 전달하기 위해서이다. 마치 자신의 존재를 어머니에게 확인이라도 시키듯 무의식적으로 그런 표현을 쓰게 되는 것이다.

지금 당신의 눈앞에서 '나는', '저는' 하는 사람은 당신의 말 한마디, 즉 당신이 맞장구쳐주기를 기대하고 있는 것으로 이해해도 좋다.

"오오, 역시!"
"그런 말이었던가?"
무엇이건 좋다. 자신의 존재를 인정받는 것만으로도 그 사람의 마음은 안정될 것이다.

이런 사람과의 인간관계를 원활히 유지하려면, 결코 그를 무시하거나 싫어하는 얼굴을 하지 말아야 한다.

'우리들은'이라는 말도 역시 마찬가지다.

한 조직의 일원으로서의 자기 존재가 불확실한 경우, 자기를 둘러싸고 있는 환경과 조화를 이루지 못하고 대립을 할 경우, 이럴 때 사람들은 흔히 '우리들은'이라는 말로써 자기를 확인하려 한다.

이와 반대로 자신의 존재를 스스로 확인할 수 있는 성숙한 마음의 소유자는, 자기와 자기를 둘러싼 환경과 대립하는 일이 없다. 따라서 '나는', '저는' 하고 열심히 자신의 존재를 주장할 필요가 없다.

‘나는’, ‘저는’이라는 말을 자주 쓰는 사람은 위압적이거나 고집이 세다기보다는, 오히려 약하고 여린 심리의 소유자라는 사실을 간과해서는 안 된다.

모든 것들에는 나름의 경이로움과
심지어 어둠과 침묵이 있고,
내가 어떤 상태에 있더라도
나는 그 속에서 만족하는 법을 배운다
- 헬렌켈러

증오나 분노의 감정을 직접적으로 나타낼 수 없을 때

독백을 자주 하는 사람은
타인의 눈길에 겁을 잘 먹는다

술에 취한 다음날이면 '혼잣말'을 하는 사람이 종종 있다. 필자의 주위에도 그런 사람이 몇 명 있는데, 재미있는 것은 취중의 실언이나 폭언을 술이 깬 상태에서 정정하고자 하는 그의 언동이 가족이나 동료들에게는 기묘하게 받아들여진다는 사실이다.

지난밤의 일을 전혀 기억하지 못할 정도로 몹시 취한 다음 날은 머리가 무겁게 마련이다. 그런데 대개의 경우는 부분적이나마 취중의 일들을 기억하고 있는 것이 보통이다. 이럴 때 '내가 왜 그런 말을 했을까?' 하고 후회하며 이것을 해소·정정하고 싶어지는데, 이런 경우는 자신의 말을 정정하기 위해 '혼잣말'로 중얼거리는 것이다.

소심한 사람이나 후회할 만한 언동을 하는 사람들은 대부분 버릇처럼 혼잣말을 하게 된다. 그들은 동료나 상사들에게 너무 신경을 쓰고, 공연히 일을 어렵게 처리하기 때문에 마음속에 늘 후회감을 갖게 마련이다. 그리고 이로 인해 스트레스가 쌓이고, 그 해소 수단 의 하나로 독백을 택하는 것이다.

욕구 불만이 독백이 되어 나타나는 것은 이와 같은 후회감 때문만 은 아니다. 증오나 분노 때문에 야기된 충동을 마음속에 품고 있거 나, 그것을 직접 나타낼 수 없는 상황에 놓여 있을 때에도 낮은 목 소리로 중얼거리기 쉽다.

많은 동료들이 지켜보는 가운데 상사로부터 듣기 싫은 소리를 들 었을 때, 이런 경우를 자주 볼 수 있다. 스스로 솔직하게 인정할 수 있을 정도의 실수를 저질렀다면 상사의 잔소리를 있는 그대로 받아 들일 것이다.

그러나 대개의 경우, 인간에게는 자신의 실수를 정당화하려는 경 향이 있다. 게다가 동료들이 많이 있는 곳에서 창피를 당하게 되면 '그렇게까지 심하게 하지 않아도 좋을 텐데…'라는 증오나 분노의 감정이 가슴속에서 치밀어 오른다.

이런 증오나 분노의 감정을 직접적으로 나타낼 수 없을 때, 사람 들은 흔히 독백을 한다. 이런 경우에는 독백이라고 하더라도, 대개 말하고 있는 내용이 타인에게도 명료하게 들릴 정도로 목소리가 크 다. 그것은 자신의 입장을 독백이라는 수단을 통해 동료들에게 알리고, 동조를 얻어내고자 하는 기분이 작용하기 때문이다.

또 다음과 같은 타입도 있다. 앞으로 일어날 일을 예상하고, 그 장소에서 자신이 하지 않으면 안 될 말을 예행연습이라는 형태로 실행하는 것이다. 가령 많은 사람들이나 상사가 있는 앞에서 보고를 해야 할 때라든가, 연인에게 자신의 솔직한 기분을 전달해야 할 경우다.

경우야 어떻든 독백을 자주 하는 사람들을 관찰해 보면, 그들 중에는 소심하고 타인의 눈길에 겁을 먹고 있는 사람이 많다는 것을 알 수 있다. 이것은 집단이나 조직 내에서의 화합을 그르치고, 본인에게는 욕구 불만을 일으키게 하는 동시에 자신감을 잃게 하는 심리 상태다. 사람들은 이 자기상실을 극복하기 위해 "좋다, 오늘은 끝까지 버텨 보겠어."라든가 "당황하지 말자, 당황하지 말자."라는 식으로 자기 자신을 타이르는 독백을 하거나 예행연습을 하게 되는 것이다.

힘이되는 명언

우리는 두려움의 홍수에 버티기 위해서
끊임없이 용기의 둑을 쌓아야 한다.

- 마틴 루터 킹

자랑은 열등감이나 약점을 숨기려는 수단에 불과하다

사람은 누구나 작건 크건 자기현시욕(自己顯示欲)을 갖고 있는데, 그것을 일상생활의 현장에서 자랑삼아 드러내놓고 싶어하는 경향이 강한 사람들이 있다.

자랑의 대상은 남성과 여성이 다른 경우가 많다. 남녀 공통의 대상은 일반적으로 재산, 가계(家系), 그리고 자식들의 학교나 성적, 또는 외국 여행 등이다.

남성의 경우 지적인 것과 육체적인 것을 자랑하는 경우가 많다. 어느 쪽이든 힘을 과시하는 것이다.

여성에게서 흔히 볼 수 있는 자랑은 의상이나 장신구, 배우자나 연인의 출신 학교나 인품, 그리고 자기의 매력 등이 대부분이다. 그 이유는 이러한 것들이 대다수 여성들이 부러워하는, 소위 윤택한 환경의 지표가 되기 때문이다.

게다가 지금까지 나열한 항목에 자신이 해당되지 않을 때는 그에 알맞는 친척이나 친구, 때로는 별로 면식이 없는 사람들까지 끌어들여 자랑하고 싶어 한다.

우리들이 성인이자 사회인으로서 살아가기 위해서는 한 인간으로서의 인격이 확립되어야 한다. 그러기 위해서는 내적으로 성장하는 과정 속에서 수많은 대상들을 자기 나름대로 받아들이고 정리해야 한다.

이것이 순조롭게 행해지지 않으면 현실과 자신과의 사이에 틈이 생기고, 마음속에 갈등이 일어난다. 그리고 이 갈등이 그들의 마음에 불안감을 일으킨다. 따라서 뭔가 자랑할 만한 이야깃거리로 그 틈을 메우려고 한다. 자랑을 통해 끊임없이 자신의 열등감이나 약점을 숨기려고 하는 것이다.

앞에서 말한 대상 끌어들이기 중에서 가장 중요한 것 중의 하나가 성적 동일화의 문제다. 이것은 쉽게 말하면 남성은 남성성을, 여성을 여성성을 자신의 것으로 삼으려는 마음의 작용이다.

성적 동일화는 4~5세에 시작되어 보통 청년기가 되면 완성된다. 4~5세경의 남자아이는 아버지를, 여자아이는 어머니를 이상적인 대상의 표본으로 여긴다.

예를 들면 남자아이는 아버지=남자=권위=위대함=강력한 존재로 삼기 쉽고, 여자아이는 어머니=여자=사랑받는 존재=다정함=아름다움으로 포착하는 일이 많다. 그리고 나이가 들면서 너무 이상적일 뿐만 아니라 자신들의 세계와는 다른 부모와의 동일화로부터 보다 가까운 친구나 선배를 대상으로 차츰 성적 동일화를 꾀하게 된다. 그리고 청년기가 되면 성적 동일화를 완성하게 되는 것이다.

그런데 어른이 되어서도 성적 동일화가 불완전하게 되면, 그 틈을 자랑으로 메워 마음의 균형을 잡으려 한다. 자기 자신에 관한 이야기에서부터 부모 형제에 대한 이야기, 친척에 대한 이야기 등 자신의 현실과 거리가 멀수록 그의 자랑은 그 사람의 열등감을 웅변적으로 말해 준다.

힘이되는 명언

이미 끝나버린 일을 후회하기 보다는
하고 싶었던 일들을 하지못한 것을 후회하라.
-탈무드

지위를 얻으면
남에게 자신을 내세우지 않는다

평소에는 안 그런 가정주부가 백화점이나 슈퍼마켓 등에서는 "이거 얼마지?" "이거 포장해 줘!"라는 식으로 점원들에게 반말을 하는 경우가 흔히 있다. 평상시와 달리 말투가 돌변하는 것이다.

일반적으로 상황에 따라 어투가 바뀌는 사람은 열등감이나 공격성이 강하다고 한다. 그리고 자기 자신이 억압당하는 입장에 놓여 있는 경우가 많다. 이런 사람들은 억제된 에너지를 무의식적으로 다른 사람에게 발산하면서 해소하고자 한다. 그것은 대개 그 자신을 억누르고 있는 공간, 또는 상대에게서 벗어났을 때 나타나는 현상이다.

주부의 경우는 백화점이나 슈퍼마켓, 남성의 경우는 술집이나 음식점, 또는 동창회나 여행지 등에서 그런 행동을 많이 한다. 그리고 자신의 일과 전혀 관계가 없는 사람, 즉 후배나 부하, 친구, 또는 택시기사나 점원, 수금사원, 호스티스 등의 인물을 대상으로 선택하기 쉽다.

어떤 대상에게 자신의 열등감이나 공격성을 해소하기 위해 말투가 표변하는 경우 외에 어조를 교만하게 바꾸는 사람을 종종 볼 수 있다.

예를 들면, 손님 앞에서는 평소와 달리 동료나 부하 직원에게 건방진 말투를 쓰는 사람이 있다. 이것은 동료나 부하 직원들이 꼼싹도 못 할 만큼 자신이 대단한 사람이라는 점을 상대방에게 내보이고 싶어 하는 심리에서 나오는 행동이다. 이런 경우는 미리 계산된, 일종의 사기적 언동이라고 할 수 있을 것이다.

물론 개중에는 본인이 의식하지 못하는 사이에 건방진 말투로 변하는 사람도 있다. 그런 사람들의 대부분은 대기업이나 관청 등을 들락거리며 억눌려 지내는 경우가 많다. 쌓이고 쌓인 억눌린 감정들을 하청회사 사람에게 토해 내며 위세를 부리는 경우가 이런 예에 속한다.

사람들은 흔히 상대방의 인격이나 능력보다는 그의 직장이나 직업, 지위, 또는 학벌을 중시하는 경향이 있다. 그러다 보니 어느 정도의 조건을 갖췄다 싶으면 아무에게나 건방진 행동을 일삼는 경우가 많다.

때에 따라서는 여러 가지 직함을 붙인 명함을 시도 때도 없이 마구 뿌리기도 한다. 이는 자신을 과시하기 위해 발악을 하는 것이나 마찬가지다.

그렇지만 자기의 능력을 충분히 발휘하고 그에 상응하는 지위를 얻은 사람들은, 남에게 자신을 내세울 필요성을 느끼지 않는다. 따라서 상대에 따라 어조가 바뀌는 경우가 드물다. 오히려 평상시보다 겸허하게 행동한다. 그러므로 의아스러울 만큼 갑자기 말투가 변하는 사람의 이면에 숨어 있는 심리를 잘 읽으면, 그 사람이 얼마나 억압된 상황에 처해 있는지를 충분히 알아낼 수 있다.

힘이되는 명언

실패는 잊어라.
그러나 그것이 준 교훈은 절대 잊으면 안된다.

- 하버트 개서

말이 장황하면
요점이 흐려진다

대체로 나이가 든 노인들은 지루할 정도로 장황하게 말을 늘어놓아 젊은이들로 하여금 이맛살을 찌푸리게 하는 경우가 많은데, 이런 경우의 대부분은 뇌의 퇴화작용 때문에 일어나는 현상이다. 그런데 젊은 사람들 중에도 노인들 못지않게 말을 늘어놓는 사람이 있다.

말을 늘어놓다 보면 요점을 간과하기가 쉽다. 그러나 그들은 결코 자신이 말을 장황하게 하고 있다고는 생각하지 않는다. 그들은 다만, 어떤 일의 과정이나 그것에 대한 자신의 심경을 덧붙이지 않으면 상대방이 자신의 말의 뜻을 이해하지 못할 거라고 생각할 뿐이다.

요컨대, 그들은 상대방이 필요하지 않다고 생각하는 것까지도 자신의 의중을 전달하는 데 필요한 것이라고 믿고 있는 것이다. 바로 여기에 그들의 문제가 내포되어 있다. 그들이 상황이나 대상에 따라 그때그때 어투를 변화시키는 것은 두말할 나위도 없다.

일반적으로 그런 사람들의 마음은 '지루하리만큼 구체적으로 이야기를 하는 경우'와 '남을 잘 배려하거나 도와주기를 좋아하는 사람의 경우'의 두 가지 타입으로 나뉜다.

먼저, 지루하리만큼 구체적으로 이야기를 하는 경우를 들 수 있다. 이런 경우는 오해하지 말고 자신의 말을 이해해 달라는 의도를 품고 있기 때문에 세세한 부분까지 자세하게 설명을 하는 것이다. 그러나 결국 말하고자 하는 초점이 흐려져서 상대방으로부터 이해할 수 없다는 핀잔을 듣게 되는 것이 고작이다.

다음은 남을 잘 배려하거나 도와주기를 좋아하는 사람의 경우다. 그들은 상대방이 자신의 의도를 제대로 이해하고 있는지 항상 마음을 쓴다. 그렇기 때문에 말을 하면서 갖가지 수식어를 붙이게 되는 것이다.

듣는 사람에 따라서는 이러한 장황스러움이 더없는 자상함으로 보이기도 한다. 그러나 실은 그렇지가 않다. 그런 사람들의 십중팔구는 상대방에 대하여 '내가 이것저것 챙겨주지 않는다면 아무것도 안 될 거야. 너는 신용할 수 없는 반쪽 인간이니까…'라는 식의 생각을 품고 있는 경우가 많다. 즉 상대방의 인격을 인정하지 않는다는 뜻이다.

그들의 무의식 속에는 보살핌을 받고자 하는 강한 욕구가 숨어 있고, 이 방어기제가 작동하여 상대방을 보살피는 형태로 나타나는 것이다. 다시 말해서, 그들이 장황하게 말을 늘어놓는 것은 자신의 욕구를 채우기 위한 것에 불과하다. 어떤 경우든 바로 이 점을 간과해서는 안 된다.

이와 관련해서 본격적인 이야기를 하기 전에 서론이 지나치게 긴 경우를 살펴보자.

상대방과의 인간관계를 해치지 않기 위해서는 본론을 꺼내기 전에 어느 정도의 서두가 필요하다. 만나자마자 단도직입적으로 요점만을 이야기하는 것은 자신의 의도를 제대로 전달하기 전에 상대방으로부터 괜한 오해를 받을 우려가 있기 때문이다.

그러나 서론이 지나치게 길어지면 받아들이는 입장에서는 요점을 파악하기가 어려워진다. 그러다 보면 자연 쓸데없이 시간만 낭비하게 되고, 자신의 의도를 제대로 전달하지 못했다는 것에 대한 초조감으로 인해 정신 건강까지 해치는 경우도 생길 수 있다.

왜 서론이 길어지는 것일까? 우선 상대방에 대한 동정심을 들 수가 있다. 상대방이 섬세하고 상처받기 쉬운 마음의 소유자일 경우, 단도직입적으로 이야기를 하면 쇼크를 받을지도 모른다는 염려를 하기 때문이다. 말하자면 예상되는 상대방의 반응을 지나치게 염두에 두기 때문에 서론이 길어지게 되는 것이다.

다음은 서론 없이 요점만을 이야기하면 상대방이 혹시 기분 나쁘게 생각하지는 않을까, 또는 자신에 대해 나쁜 감정을 갖게 되지는 않을까 하는 불안감을 들 수 있다.

즉 자기의 의도나 욕망을 상대방에게 충분히 이해시킨 다음, 용건을 이야기하려 하기 때문에 서론이 길어지는 것이다. 이 경우, 그 상대는 상사나 선배 등 자기보다 높은 위치에 있는 사람들이 대부분이다. 그들은 혹시 야단맞지는 않을까, 자신에 대해 나쁜 감정을 갖게 되지는 않을까 하는 두려움 때문에 끊임없이 상대방의 반응에 신경을 쓴다. 말하자면 상대방의 눈치를 보는 것이다.

사회생활을 하면서 상대방을 배려하지 않을 수는 없지만, 이런 정도라면 좀 지나치다.

그렇다면 왜 그들은 이렇게까지 상대방에 대해서 신경을 쓰는 것일까?

그것은 그들에게 어린 시절 남성화의 단계에서 겪은 아버지와의 갈등, 즉 아버지=권위=위대함이라는 등식에 대한 공포(거세 불안)가 남아 있기 때문이다. 이로 인해 그들은 아버지와 심리적 화해를 하지 못하고, 따라서 남성화를 확립하지 못한 것이다.

이런 사람들의 대부분은 섬세하고 소심한 성격의 소유자인 경우가 많다. 그들은 공포나 불안감을 일으키게 하는 아버지에 대한 증오나 분노, 또는 공격성을 상대가 눈치 챌까 봐 무의식적으로 서론을 길게 늘어놓는 것이다.

삶을 사는 데는 단 두가지 방법이 있다.
하나는 기적이 전혀 없다고 여기는 것이고
또 다른 하나는 모든 것이 기적이라고 여기는방식이다.

- 알베르트 아인슈타인

지나친 맞장구는
서로의 감정 교류를 어렵게 한다

상대방과 대화를 나누면서 "아, 그래요?" "그거 대단하군요!" "저런, 그런 일이 있었던가요?" 등등의 말로 받아주면서 관심을 표하는 것은 서로의 인간관계를 원활하게 유지하는 데 대단히 중요한 역할을 한다.

그런데 상대방이 무슨 말을 하든 항상 같은 반응을 보이는 사람이 있다. 예를 들면 "그렇지!" "바로 그래!" "맞았어!" 하며 무턱대고 맞장구를 치는 것이다.

그러나 이런 반응을 갖고 듣는 이가 대화에 적극적이라는 생각을 하는 것은 오산이다. 오히려 그는 대화에 수동적인 자세로 임할 뿐이다. 이래서는 상호 감정의 교류가 이루어지기 힘들다.

물론 무턱대고 맞장구를 치는 사람들의 심리적 동기가 모두 같다고는 할 수 없다. 그들 중 일부는 개인으로서의 주체가 확립되어 있지 않은 경우도 있다.

그들은 이렇다 할 자기의 생각이나 사상, 또는 철학을 갖고 있지 않기 때문에 상대방의 말 하나하나에 '그래', '역시 그렇지!'와 같은 반응을 나타내는 것이다.

또 소위 말해서 '예스 맨'이라고 불리는 사람들도 있다. 그들은 앞서 말한 부류와는 다르게 그들 나름의 견해나 사상, 철학을 갖고 있다.

그러나 그들은 상사나 선배 등에게 의존하고자 하는 욕구를 이겨내지 못하고 시도 때도 없이 무턱대고 공감하며 맞장구를 친다.

이와 같은 사람들은 상사나 주위로부터 신용을 받지 못한다. 그리고 장래성이 없는 인물로 평가되고, 기껏해야 필요할 때만 이용당하는 것이 고작이다.

그들은 '꾸중을 잘 듣는' 사람들일 뿐만 아니라 부하 직원들로부터는 '아첨꾼'이라고 경멸을 받는다.

그들은 어떻게 하든 오로지 상대방의 기분만을 망치지 않기 위해 "지당하신 말씀입니다." "네, 바로 그렇습니다." "아주 훌륭한 생각입니다."라는 등등의 말을 서슴지 않는다.

상대방에게 잘 보이기 위해 자신의 감정을 일시적으로 억제·매몰시키는 것이다.

그리고 이렇듯이 억제된 감정은 부하 직원이라든지 동료 또는 후배에게 자신의 견해를 억지로 관철시키려는 형태로 나타나기 십상이다.

그러므로 자신의 말에 맞장구를 잘 쳐준다고 해서 그를 호의적이라거나 이해심이 많은 사람이라고 판단해서는 안 되는 것이다.

힘이되는 명언

성공으로 가는 엘리베이터는 고장입니다.
당신은 계단을 이용해야만 합니다.
한계단 한계단씩.

- 조 지라드

시선 공포증은 자기 존재감이 희박하기 때문에 생겨난다

대화를 할 때, 상대방의 눈을 쳐다보지 않으면 실례가 되는 것은 말할 나위도 없다. 그러나 시선을 아예 외면하거나 눈을 마주치는 것에 대해 놀라우리만큼 민감한 사람도 있다. 그들은 상대방과 시선을 마주쳐야 하는 그 순간을 견디지 못한다.

상대방의 시선이 자기 눈으로 향하면 그들은 눈을 심하게 깜박이며 불안해한다. 그러고는 상대방이 그것을 눈치 채지 못하도록 억지로 상대방의 눈을 바라보게 된다. 그리고 상대방의 시선이 강하게 의식될수록 자신의 시선 또한 날카로워진다.

이런 경우는 상대방이 혹시 불쾌해하지는 않을까 걱정을 하면서도, 여기서 눈을 돌리면 자신의 불안한 마음을 들킬지도 모른다는 두려움 때문에 상대방의 눈을 더욱 뚫어지게 쳐다보게 된다. 그러다 보면 눈은 눈물로 얼룩지고, 얼굴에는 경련이 인다. 그래서 더욱 불안해진다. 굳어진 표정으로 인해 상대방이 자기의 마음을 꿰뚫어보지나 않을까 걱정이 되기 때문이다.

이러한 현상을 '시선 공포증'이라고 부르는데, 이것은 대인 공포증의 범주에 드는 정신질환의 하나다. 정도의 차이는 있지만 이런 시선 공포증을 가진 사람이 의외로 많다.

그런데 서양 학자들은 이런 시선 공포증을 좀처럼 이해하지 못한다. 서양에서는 이런 환자가 거의 없기 때문이다. 이는 시선 공포증이 동양의 전통적인 문화 습관과 밀접한 관계가 있음을 알 수 있는 대목이다. 상대방의 입장을 끊임없이 배려하며 살아온 동양인의 생활환경과 깊은 연관이 있다는 얘기다.

극단적인 시선 공포증을 가진 사람들은 왜 그토록 남의 시선을 의식하는 것일까? 그 이유는 그들에게 일관된 자기 존재감이 희박하기 때문이다. 그들은 자신의 존재를 상대방이라는 거울을 통해서만 확인할 뿐이다.

예로부터 "눈은 입 이상으로 말을 한다."고 했다. 이는 눈으로 자기의 마음을 표현할 수 있다는 뜻이다.

이와 반대로 상대방의 눈을 계속 주시하면서 대화를 하는 사람이 있다. 이 또한 대단한 실례이다. 요컨대, 그들에게는 수줍음이 결여되어 있다. 그래서 상대방을 계속 직시할 수 있는 것이다.

이런 사람들은 자칫 잘못하면 상대방으로 하여금 압박감을 갖게 하기 때문에 주의해야 한다. 세일즈맨 중에도 이런 사람이 있다. 그러나 그런 식으로 판매를 하려고 한다면 상담은 실패로 끝날지도 모른다. 그러므로 세일즈맨이라면 모름지기 구매자로 하여금 압박감을 갖지 않도록 배려하는 것이 무엇보다 중요하다.

대화 중에 시선을 돌리는 것은 자신감이 없는 증거라는 일반적인 견해도 있긴 하지만, 아무튼 대화를 하는 동안 눈길을 어디에 두는가는 매우 어려운 문제 중의 하나다.

가장 좋은 시선 처리는 상대에 따라 약간 다를 수 있는데, 상사와 말할 때는 상대의 입 주위나 목 밑 부분을 보는 게 가장 무난하다. 만약 상대가 동료 직원이라면 표정을 부드럽게 하고 눈을 마주치는 것도 괜찮다.

힘이되는 명언

우선 무엇이 되고자 하는가를 자신에게 말하라.
그리고 해야 할일을 하라.

- 에픽토테스

내용과 표현력에 자신이 없으면
목소리는 작아진다

앞에서 말한 대로 시도 때도 없이 큰소리로 떠드는 것은 남에게 불쾌감을 준다. 그렇다고 해서 모기만한 작은 목소리로 소곤소곤 말하라는 것은 아니다. 그럴 경우에는 상대방이 그 내용을 확실히 알아들을 수가 없을 뿐만 아니라 도가 지나치게 되면 짜증까지 나기 때문이다. 특히 회의 석상이나 상사, 거래처 사람에게 자신이 말하고자 하는 바를 정확하게 전달하지 못하면 상대방에게 폐를 끼칠 뿐 아니라 자기도 불리한 입장에 놓이게 된다.

또 회사의 운영이나 거래에까지 큰 영향을 끼쳐 손해를 초래하게 될지도 모른다. 나아가서는 자신의 직업에 대한 적성을 의심받게 되는 경우도 있다.

목소리가 작아 그 내용을 이해하기 어려울 때, 듣는 사람은 몇 번이고 되풀이해서 물을 것이다.

　이런 경우를 당하면 흔히 목소리를 약간 높이는 것이 보통이지만, 그런 부류의 사람들은 마치 상대방으로 하여금 되묻게 하는 것이 목적인 양 계속해서 알아들을 수 없도록 말을 한다. 이는 듣는 쪽이 말하는 사람 자신이 미처 깨닫지 못한 내용을 종합해 주기 때문이다. 상대로 하여금 내용을 종합하게 하려는 일종의 술책인 셈이다.

대개의 사람들은 말하고자 하는 바의 내용이나 표현력에 자신이 없을 경우 은연중에 목소리가 작아지고 자신도 모르게 입 안에서 우물우물하기 마련이다.

　그런데 목소리가 작은 사람은 이와 같은 상태, 즉 자신감 상실과 열등감 때문에 항상 영향을 받는다. 그래서 듣는 이의 도움을 바라는 것이다.

　그런 사람에게 되풀이해서 묻는 것은, 결과적으로 그들의 의존성을 만족시켜 주는 셈이 되는 것이다. 이 때문에 그런 타입의 사람들은 우리들이 상상하고 있는 것과는 달리 목소리가 작은 것에 대해서 별다른 고민을 하지 않는다.

　그들 중에는 어린 시절 자신의 의사를 상대방에게 명확하게 표현하는 방법을 배우지 못한 사람들이 많다. 적당히 우물거려도 상대방

이 자신의 의사를 충분히 알아들을 수 있으니 큰소리로 말할 필요
가 없었던 것이다.

그들의 어린 시절을 주의 깊게 살펴보면, 감싸주기 좋아하는 어
머니가 그들의 대변자였음을 알 수 있다. 이때 싹튼 습관이 성장한
후에도 영향을 미치는 것이다.

작은 소리로 말하는 사람들의 심리에는 상대방에게 의존하고자
하는 속셈이 있다는 사실을 잊어서는 안 된다.

자신이 해야 할 일을 결정하는 사람은
세상에서 단 한 사람, 오직 나 자신뿐이다.
- 오손 웰스

상대방의 이야기를 가로막지 말라

조리 있게 말하고
진지하게 경청하라

정치가나 평론가 등 소위 문화인이라고 일컫는 이들의 좌담회를 보고 있노라면, 아직 상대방의 이야기가 끝나지 않았는데도 그 이야기를 막고 나서는 사람이 있다. 특히 텔레비전의 '특별 좌담회'에서는 서로가 상대방의 이야기를 가로막고 큰소리로 떠들어댈 뿐 의견을 교환한다는 본래의 취지에서 벗어나는 경우가 많다.

이런 장면을 보게 되면 대부분의 사람들은 불쾌감이 일뿐만 아니라 그 사람의 인격까지 의심하게 된다. 따라서 그가 아무리 훌륭한 이야기를 하더라도 왠지 미덥지가 않다.

조리 있게 말한다는 게 결코 간단한 일은 아니지만, 상대방의 이야기를 진지하게 들어주는 것도 쉬운 일만은 아니다. 누구에게나 신뢰를 받고 인간관계의 조화를 유지하고 있는 사람들은 대개 정신적으로 성숙된 자아를 갖추고 있다. 그들은 남의 말을 진지하게 경청할 줄 안다.

이에 대해서는 어린이들을 관찰해 보면 잘 알 수 있다. 그들은 말을 하는 데는 익숙하지만 듣는 데는 서투르다. 상대방의 이야기를 들어줄 마음의 여유가 부족하고, 아직 관대한 성품을 갖추지 못했기 때문이다. 그러므로 남의 말을 무시하고 가로막는 사람들은 정신 연령이 어린이와 같은 수준이라고 봐도 좋을 것이다.

이런 사람들이 어떻게 타인의 마음을 알 수 있겠는가? 그들이 아무리 그럴듯한 말을 한다고 해도 그것은 독선일 뿐이며 타인이 공감하지 못하는 빈말일 뿐이다.

상대방의 이야기를 가로막는 것은 매우 무례한 행위다. 그것은 상대방을 무시하는 것이고, 궁극적으로는 그 사람의 인격을 무시하는 행위에 다름 아니다.

봉건시대의 지배 계급은 하층 계급인 상인이나 농민에 대하여 '문답무용(問答無用)', '대꾸하지 말라'를 철저하게 적용하였다. 그들은 자신들의 가치관 이외에 다른 것은 일절 인정하지 않았을 뿐만 아니라 하층 계급의 입을 아예 봉쇄해 버리기까지 했다. 그러나 지금은 봉건시대가 아니다.

이야기를 제지당한 사람은 당연히 불만을 느끼기 마련이다. 이래서는 올바른 인간관계가 이루어지기 힘들다. 그런데도 무례를 무릅쓰고 상대방의 이야기를 제지하는 것은 무슨 까닭일까? 여기에는 상대방의 말투가 장황하고 그 내용이 너무 시시한 까닭도 있을 것이다. 그러나 그들은 자기 자신의 견해에 대해 전혀 의심을 품고 있지 않기 때문에, 일견 설득력이 강하고 능숙하게 이야기를 풀어나간다. 그리고 스스로 자신의 이야기에 도취하는 자기애적인 경향이 있다. 즉 자기 자신뿐만 아니라 말하는 것 자체에 마음이 사로잡혀 있는 것이다.

이처럼 남의 말을 가로막고 자기 말만 하는 사람은 다른 면에서는 어떨지 몰라도, 적어도 대화에서만큼은 상대방을 하나의 인격체로 인정하지 않는 무례한 행동을 범하고 있다는 사실을 명심해야 한다.

힘이되는 명언

내 비장의 무기는 아직 손안에 있다. 그것은 희망이다.

- 나폴레옹

마음의 갑옷을 벗고
피부로 접촉하라

세일즈만큼 상대방의 마음을 읽는 것이 업무와 직결되는 직업은 없다고 해도 과언은 아니다. 손님으로 하여금 기꺼이 물건을 사게 하거나, 또는 그런 기분이 들게 하는 것은 세일즈맨과 손님과의 좋은 인간관계에 달려 있다.

살 사람의 마음을 정확하게 붙잡지 못하는 세일즈맨의 방문을 받았을 때는 기분이 매우 불쾌해진다. 그런 때문인지 이들의 방문을 귀찮게 여기는 아파트나 고층 빌딩 사무실에는 '세일즈맨 사절'이라는 쪽지를 붙여놓은 곳이 적지 않다.

세일즈맨들 중에는 상대방의 시간이나 여건에는 아랑곳없이 마구잡이로 방문을 하는 자가 더러 있다. 이는 폭력을 행사하는 것과 다름없는 짓이다. 이런 경우, 그들의 무례함에 기분이 상한 측에서는 방문 목적을 들어보기도 전에 무조건 거절부터 하게 마련이다.

물론 세일즈맨의 일은 팔려는 자의 일방적인 작용에 의해 시작된다. 때문에 아무래도 어느 정도의 강요는 필요할지도 모른다. 그러나 사는 사람이 이것을 강요로 받아들이지 않을 정도의 배려는 필요하다.

소위 세일즈맨으로 성공한 사람들은 항상 좋은 인간관계를 유지하고 있다. 그들 중 대다수는 "세일즈맨으로 성공하는 비결은 상대방의 말을 잘 들어주는 데에 있다."고 말한다.

우리는 세일즈를 상품의 효과나 질 등을 구매자 측에 일사천리로 늘어놓기만 하면 되는 것으로 생각하는 세일즈맨을 종종 볼 수가 있다. 그러나 만일 이렇게 해서 상품을 팔았다고 하더라도 구매자와의 좋은 인간관계가 성립되지 않는 한, 단지 한 번의 팔고 사는 것으로 그 구매자와의 인연은 끊어지고 말 것이다.

이와는 반대로 구매자 측과 좋은 인간관계를 맺은 경우 그 세일즈맨은 애초의 목적대로 상품을 팔 수 있을 뿐만 아니라, 그 후에도 구매 당사자에게서 알게 모르게 많은 도움을 받을 수 있다.

한편 구매자 측은 원하는 물건을 손에 넣었다는 기쁨 이외에 세일즈맨을 통하여 상품 이상의 무언가를 얻었다는 만족감을 얻게 된다. 이 뭔가를 얻었다는 만족을 느끼게 하는 비결이야말로 세일즈의

포인트라고 할 수 있다.

그렇게 하기 위해서는 우선 자기의 성실함을 상대방에게 인지시킬 필요가 있다. 이것은 상대방의 눈물샘을 자극하는 전략이나 열성을 가장한 잔재주를 의미하는 것이 아니다.

마음의 갑옷을 벗고 피부로 접촉한다고나 할까? 인간으로서의 가식 없는 자신의 모습을 구매자에게 그대로 드러내는 것이다. 이렇게 함으로써 고객도 안심하고 마음의 벽을 허물 수가 있다. 있는 그대로의 자신, 즉 색안경을 벗고 백지가 됐을 때만이 상대방의 마음의 움직임을 있는 그대로 읽을 수 있다.

마음의 창을 열어젖히고 서로가 진심으로 상대방을 대할 때 좋은 인간관계가 맺어지는 것이다.

힘이되는 명언

행복은 습관이다. 그것을 몸에 지니라.

- 허버드

'절대'라는 말을
자주 쓰지 마라

불과 몇 십 년 전까지만 해도 '인간은 절대 달에 갈 수 없다'고 생각했다. 그러나 이 '절대'가 깨어지고 달 표면을 걷는 인간의 모습이 텔레비전의 화면에 비치는 세상이 되었다. 심지어는 평범한 일반인들까지 우주선을 타고 미지의 세계를 탐험할 수 있는 시대가 되었다.

'절대'란 '결코', '단연코'라는 말처럼 '더 이상 다른 것과 비교할 것이 없음'을 뜻하는 강한 표현이다. 그런데 일상생활을 하면서 너무나 쉽게 '절대로'라든가, '단연코'라는 말을 사용하는 사람이 있다.

어느 날, 버스 안에서 여고생들이 대화하는 중에 '절대로'라는 단어를 무수히 사용하는 것을 들은 적이 있다. 아마도 그때의 '절대로'는 본래의 뜻에서 벗어나 '틀림없이' 정도의 가벼운 뜻이었으리라.

직장에서도 그런 사람이 있다. "그러나 부장님, 절대로 이 방법밖에 없습니다!" 필자의 친구가 다니는 회사에도 그런 사람이 있다고 하는데, 그는 '절대 씨'라는 별명이 붙을 만큼 그 단어를 시와 때를 가리지 않고 수시로 사용한다고 한다. 그러다 보니 어느 누구도 '절대 씨'의 그 '절대'를 신용하지 않는다고 한다.

대개의 경우, 이 '절대'라는 말을 자주 쓰는 사람은 자기애(自己愛)적인 성향을 지닌 사람이 많다. 자기의 잘못에 대해 비난을 받을 경우, 불안감을 감추고 그것을 무마하기 위해 '절대로 이것 외는 다른 방법이 없다'라는 식으로 자신을 합리화시키는 것이다.

이런 관점에서 보면 위의 말은 "나로서는 이 방법 외에는 절대로 다른 좋은 생각이 떠오르지 않을 만큼, 나는 능력이 없습니다."라고 고백하는 것과 마찬가지가 된다.

이처럼 자기중심적이고 주관적인 사람에게서 유연하고 역학적인 사고방식을 기대한다는 것은 거의 불가능하다. '절대'라는 말을 자주 쓰는 사람은 역지사지(易地思之), 즉 타인의 입장에서 생각할 줄 모르고, 매사를 독단적으로 판단하는 경향이 많기 때문이다.

이와 같은 자기애적이고 방어적인 '절대로' 외에, 잘못을 범했을 경우 "이제부터는 절대로 그런 일을 되풀이하지 않겠다."는 말로 사과를 하거나, 맹세를 하는 경우가 있다.

그러나 필자의 경험에 비추어보건대 이때의 '절대로'만큼 믿을수 없는 것은 없다. 이런 경우에는 같은 잘못을 되풀이하지 않겠다는 확신이 그 자신에게 서 있지 않다고 이해하는 게 현명하다.

누구보다 그 자신이 그 사실을 잘 알고 있기 때문에, 그것을 감추기 위해 마음의 방어기제를 작동시켜 '절대로'라는 말을 쓰게끔 한것이기 때문이다.

그런데 이 '절대로'가 상대방의 마음을 홀리는 말이 되는 경우도있다.

교제 중인 남녀가 "당신을 절대로 떠나지 않겠어."라는 따위의말을 하는 경우가 바로 그것인데, 이 말 하나로 자신의 의지를 상대방에게 확실히 나타냄으로써 강한 애정을 우러나게 해준다. 이때의'절대로'는 두말할 것도 없이 현시점에서의 강한 애정을 상대방에게전달할 목적으로 사용한 것이다. 따라서 앞에서의 '절대로'와는 엄연히 그 사용법이 다르다. 그러나 플레이보이의 경우는 '절대로'라는 말을 주의해서 사용해야 할 것이다.

당신의 귀에 '절대로'라는 말이 와 닿으면 먼저 어떠한 의미의'절대로'인지를 생각하라.

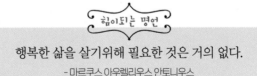

힘이되는 명언

행복한 삶을 살기위해 필요한 것은 거의 없다.
- 마르쿠스 아우렐리우스 안토니우스

권유하는 방법에도
기술이 필요하다

"여보게, 이거 왜 이러나? 우리 사이에…" 하면서 싫은데도 억지로 권유하는 바람에 난처한 입장에 빠지게 된 경험을 한 적이 있을 것이다.

이런 식으로 상대방의 의사에 관계없이 일방적으로 권유하는 사람들의 공통점은, 거절하는 쪽의 심정이나 처지를 무시하는 경향이 있다는 것이다. 뿐만 아니라, 그들은 상대방이 그걸 받아들였을 때 초래될지도 모를 문제점에 대한 해결책까지 제시하며 자꾸 권유하려고 한다. 이런 사람들이 이렇게 행동하는 까닭은 크게 네 가지로 나뉜다.

첫째는, '이렇게 사양하지 않아도 돼'라는 식으로 상대방이 거절하는 이유는 생각지 않고 단지 사양하는 것이라고 제멋대로 판단하는 경우다.

그래서 그들은 "자네는 대체로 너무 사양을 하는 경향이 있어. 이 일을 끝내고 한잔 하자구. 마음 푹 놓고 말이야." 하고 끝까지 권유하곤 한다.

둘째는, 거절을 당하면 마치 서로의 인간관계가 끊어질 것처럼 생각하며 섭섭하게 여기는 경우다.

그들은 "모처럼 마음먹고 같이 가자는데 거절하다니… 자넨 너무 냉정해!"라며 원망 섞인 말투로 상대에게 말한다. 그리고 "집사람과 약속이 있어서, 오늘 저녁은 아무래도…" 하고 거절하면 "하긴 자넨 부인한테 약하니까…"라는 식으로 핀잔인지 원망인지 모를 비난을 하곤 한다. 특히 이 경우는 상대방의 부인이 둘 사이의 우정을 갈라놓고 있다는 원망과 함께 질투나 잠재적인 동성애적 경향이 숨겨져 있는 수가 많다.

셋째는, 혼자 즐길 용기가 없는 경우다. 이런 사람들에겐 물고 늘어질 만한 상대가 이미 정해져 있기 마련이다.

그 까닭은, 예전에 그 상대와 함께 즐긴 경험이 있기 때문이다. 그와 함께 하는 것이 아니라면 엄두가 안 나는 것이다. 즉 상대에게 의존하지 않고서는 혼자 주체적으로 설 수가 없는 것이다.

넷째는, 자신의 허영심이나 과시욕, 또는 불만이나 노여움 등의 감정을 상대가 알아주었으면 하는 심리 때문이다.

말하자면 그들은 의존, 응석 그리고 자기현시, 자기애 등의 욕구를 만족시키기 위해 그런 행동을 하는 것이라고 볼 수 있다. 그래서 어떤 형태로든 상대와 거리가 생기는 것에 대해 항상 불안감을 갖고 있다. 그 때문에 상대의 인격이나 마음의 흐름을 완전히 무시해서라도 자기의 욕구를 채우려고 하는 것이다.

이처럼 거절을 하는데도 자꾸만 권하는 심리는, 자기의 욕구가 거의 언제나 충족되었고, 자기중심적이었던 어린 시절의 미숙한 마음을 현재의 상황에 그대로 옮겨놓은 것이나 마찬가지다. 만취한 상태로 네온사인이 반짝이는 밤거리를 싸돌아다니는 주정뱅이들의 마음의 밑바닥에는 뜻하지 않게 이런 미숙한 충동이 숨겨져 있는 경우가 많다.

힘이되는 명언

피할수 없으면 즐겨라.

- 로버트 엘리엇

눈과 눈썹의 생김새로
사람의 마음을 읽는 법

눈은 그 사람의 성격이나 감정을 알아볼 수 있는 중요한 부분으로 정신적인 감응 상태를 알아내는 데 있어서 최고의 자료라고 할 수 있다. 또한 눈썹의 시작된 부분과 끝부분을 인상학에서는 매우 중시한다.

▶ 눈동자가 위로 향한 눈

수단과 방법을 가리지 않는 야심가이며, 남에게 지기 싫어하여 윗사람과 마찰이 많을 수 있다. 재물은 모아 생활의 어려움은 없으나 남에게 베푸는 것은 부족하다.

▶ 눈동자가 아래로 향한 눈

차가운 인상 때문에 호감을 사지 못한다. 의지가 약하고 사나우며 자기중심적이어서 성격이 좋지 못하다. 운이 그다지 좋지 않다.

▶ 눈꼬리가 올라간 눈

성격이 곧아 남에게 지기 싫어하며 냉정하다. 출세가 빠르며 복록이 많을 수 있다. 지도자가 될 상이다.

▶ 튀어나온 눈

끈기가 부족하고 쉽게 지치며 일을 벌여놓고 마무리를 하지 못하는 성격이다.

▶ 매섭게 큰 눈

정신력이 강하고 지혜와 총명함이 뛰어나고 정의감이 있어서 신망이 두텁고 포부가 원대하다. 그러나 과격한 성격과 지나친 포부와 과욕으로 자신을 그르칠 수 있다.

▶ 호랑이눈

강직하며 신중한 성격으로 호랑이를 연상할 만큼 위엄을 갖췄고, 불의를 보면 용맹성을 내보인다. 정의감이 강하며 부귀와 건강을 누릴 수 있다.

▶뱁새눈

이상적인 사고에 젖기 쉽고 끈기가 부족하다. 기분에 따라 좌우되는 경향이 있으며, 사치와 낭비가 심하다.

▶그윽한 눈

사고력이 뛰어나고 집착력이 강하며 이성을 끌어들이는 매력이 강하고, 성적으로도 끈질기고 집요한 편이다.

▶곧은 눈썹

눈썹이 둥근 모양이 없이 일직선으로 뻗은 모양새로, 마음이 강직하고 용맹스러우며 단정하지만, 마음이 너무 직선적이어서 주위를 잘 배려하지 않는다. 또 덕이 부족한 흠도 있다.

▶짧은 눈썹

눈썹이 눈의 길이보다 짧은 모양새로 독립심과 극기심이 강한 사람으로 책임감이 강하며 신의가 두텁고 마음이 완강하고 고독할 수 있다.

▶긴 눈썹

눈썹의 길이가 눈의 길이보다 더 길게 생긴 모양새로, 이는 도량이 넓으며 부귀한 상이다. 마음이 넓고 후덕하여 형제간에 화목하며 대인관계가 원만하다. 그렇지만 독립심은 부족한 편이다.

▶ 초승달 눈썹

초승달처럼 둥글게 굽어 있으며 그려놓은 듯이 단정한 모양새로 학식이 높고 훌륭한 인품을 가지고 있다. 그러나 어진 성격 때문에 남성으로서는 소극적이고 실천력이 약하며 의존심이 많아 여성적이라는 평을 듣기도 한다.

▶ 미간이 넓은 눈썹

눈썹 사이가 검지와 중지 손가락 두 개가 들어갈 정도의 넓은 모양새로 성격이 온화하고 차분하며 느긋하다. 낙천적인 성격으로 성공이 빠르고 재물운이 좋다.

▶ 미간이 좁은 눈썹

눈썹 사이가 맞닿을 것같이 좁아 보이는 모양새로 성격이 소심하며 신망을 얻지 못하고, 머리는 좋으나 행동으로 옮기지 못한다. 건강과 재물도 별로 좋지 않다.

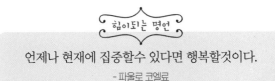

힘이되는 명언

언제나 현재에 집중할수 있다면 행복할것이다.

- 파울로 코엘료

chapter 2

사소한 것에서 진심 훔치기

상대의 마음을 읽으려면 표정과 행동에 주의를 기울여라 / 지나친 예의 뒤에 숨겨진 공격 욕구를 경계하라 / 비밀이 많은 사람에겐 수치심도 많다 / 고집이 센 자는 자기 과실을 인정할 마음의 여유가 없다 / 친구를 보면 그 사람의 인품을 알 수 있다 / 신체 언어로 공포와 불안을 감지하라

상대의 마음을 읽으려면 표정과 행동에 주의를 기울여라

마음을 당사자보다 더 잘 파악할 수 있는 요령

인간의 마음의 변화는 얼굴로도 나타나기 때문에 상대방이 지금 어떠한 감정 상태에 있는지는 그 사람의 표정을 보고 판단할 수 있다. 그러나 상대방의 표정이나 태도가 '말'과 마찬가지로 자신의 진짜 감정을 살짝 바꿔 가공된 형태로 표현되는 경우도 많다.

근황에 대해서 물음을 받은 어떤 친구는 "너무 바빠서 매사에 촌각을 다툰다네." 하고 눈살을 찌푸리면서도 어딘가 모르게 별로 싫지 않은 듯한 표정을 짓는다. 이때 그의 본심은 '촌각을 다투는 생활을 하고 있을 정도로 나는 중요한 일을 하는 지위에 있다'는 것을 상대방에게 전달하고 싶어하는 것이다. 필자는 그런 친구에게 "자네 지금 엄청 쪼들리고 있군."이라고 응답해 준 적이 있다.

그와는 반대로 자기감정의 변화를 얼굴에 전혀 나타내지를 않는 소위 포커페이스라고 하는, 무표정을 가장한 얼굴형이 있다. 얼마 전, 어느 프로야구 선수가 "ㅇㅇㅇ 투수는 포커페이스이므로 그 구질을 읽기가 너무 어렵다."라고 토로한 것을 스포츠신문에서 읽은 적이 있다.

사실 마음의 변화를 겉으로 나타내지 않으면, 상대방이 도대체 무엇을 생각하고 있는지 파악하기 어려울 뿐 아니라 기분이 나빠지기도 한다.

전혀 모르는 사람한테서 전화가 걸려왔을 경우에도 기분이 나쁜 건 마찬가지다. 말은 들리지만 얼굴이 보이지 않기 때문에 상대방의 마음을 읽을 수가 없는 것이다.

우리들은 말뿐 아니라 상대방의 표정이나 태도로도 그 사람의 마음을 읽을 수가 있다.

우리는 텔레비전 와이드 쇼에 참석한 주부들이 게스트의 말 한 마디 한 마디에 고개를 크게 끄덕거리고 있는 모습을 흔히 볼 수 있다.

그러면 그 주부들이 고개를 끄덕이는 것을 자기의 의견에 공감을 하는 것으로 받아들인 게스트는 매우 만족스러운 미소를 짓곤 한다.

그러나 그런 행동은 실제로 상대방에게 자신의 존재를 확인시키고 싶다는 무의식의 욕구에 의해 자기도 모르게 나온 몸짓인 경우가 많다.

초등학교나 유치원에 다니는 아이들은 선생님이나 어머니의 말 한마디 한마디에 곧잘 고개를 끄덕이곤 한다. 이것 또한 어린이가 어머니나 선생님에게 좋은 인상을 주거나 귀여움을 받고 싶기 때문에, 그리고 자신이 영리한 아이라는 증거를 보여주기 위해 그러는 것이다.

이러한 사실에 근거하여 생각해 보면, 와이드 쇼에 참석한 주부들은 어려서부터 몸에 밴 태도, 즉 타인에 대한 의존이나 응석이라는 성숙되지 못한 무의식적 욕구를 현실의 일상생활 속으로 끌어들이고 있는 셈이다.

자기의 의견이 관철되지 않거나 약속 시간이 되어도 상대방이 나타나지 않을 경우, 사람들은 흔히 담배를 피워대는 것으로 초조감을 해소시키려 한다. 또 마음속에서 분노나 증오의 감정이 생기게 되면 그 대상에 대해 난폭한 태도를 취하기도 한다.

초조감으로 인해 나타나는 강박적인 흡연 행위나 상대방에 대한 분노와 증오에서 일어나는 폭력 행위 등과 같이 인간의 행동에는 일정한 양식이 있다.

때문에 인간의 행동을 관찰하는 것으로 그 사람의 마음을 헤아릴 수 있다는 사실을 새삼스럽게 기술할 필요는 없을 것이다.

인간의 행동은 본인을 둘러싸고 있는 주변의 갖가지 자극에 대한 마음의 방어기제, 즉 안전장치에 의해 가공된 형태로 표출되는 경우가 많다.

다식증(多食症)으로 고민하다가 결국에는 병원을 찾아간 사람이 있었다.

그런 환자들은 하루에 세 번씩 하는 식사로 배를 채울 수는 있지만, 항상 기아 감정(飢餓感情)을 느낀다. 그래서 하루에 대여섯 번씩의 식사를 하지 않으면 쉽사리 안정감을 찾지 못한다.

그들은 기아 감정을 해소하기 위하여 직장의 책상 서랍 안에 빵이나 과자 따위를 준비해 두기도 한다. 그러고는 시도 때도 없이 그것들을 먹어대는 것이다. 그렇지 않으면 불안감을 느낀다. 이런 다식증 때문에 체중이 늘어 비만이 되는 경우도 종종 있다.

이러한 다식 행위는 다음과 같은 심리적인 마음의 작용 때문에 일어난다.

결론부터 말하자면, 다식 증상은 심리적인 애정 결핍, 또는 소외감을 해소하기 위해 일어나는 것이다.

그들은 자신들을 에워싼 현실 환경에 적응하지 못하고 갖가지 스트레스에 자극을 받는다. 이 자극을 극복하지 못하는 그들은 나름대로 마음의 조화를 유지하기 위하여 무의식적으로 방어기제를 작용시키는 것이다. 이때 사용되는 방어기제는 일종의 퇴행 현상을 동반한다. 즉 지금까지 성장하는 과정에서 가장 안전하고 쾌적한 상태였던 어린아이 때로 돌아가려 하는 것이다.

이러한 원시적인 마음의 작용을 극복하지 못한 그들은 현실 사회에 발을 붙이지 못하는 데서 오는 고독과 소외감으로부터 벗어나고, 그 기아감을 충족시키려는 뜻에서 끊임없이 음식물(애정)을 섭취하는 것이다.

새로운 장소로 이주를 한 직후라든가 해외로 혼자서 여행을 떠났을 때 식욕이 돋고 쓸데없는 공복감에 휩싸이는 사람이 더러 있다.

이러한 식욕 증진의 체험자 중 대다수는 모처럼 제한된 테두리 안에서 해방된 탓이라고 생각하기 쉽다. 하지만 개중에는 혼자뿐이라는 고독감이 애정의 결핍으로 발전이 되어 위에서 말한 다식증을 유발하게 되는 경우도 많을 것이라고 생각된다.

이처럼 아무것도 아닌 것 같은 일상적인 행위일지라도, 외부로부터 받는 스트레스가 의식 밑바닥의 애정 욕구를 자극하여 이루어지는 경우가 있는 것이다.

여기에서 우리들은 본인조차 의식을 하지 못하거나 행위와는 전혀 연관이 없다고 생각되는 표정과 행동에 주의를 기울이는 것이 상대방의 마음을 바로 읽는 비결이라는 사실을 알 수 있다.

힘이되는 명언

인생에 뜻을 세우는데 있어 늦은 때라곤 없다.

- 볼드윈

수다스러운 사람은
숙명적인 외로움을 지니고 있다

이쪽에서 말을 걸기가 무섭게 기다리고 있었다는 듯이 거침없이 지껄이는 사람과, 항상 누군가에게 말을 걸지 않으면 안절부절못하는 사람을 우리는 어렵지 않게 볼 수 있다.

이처럼 수다가 심한 사람은 쉬는 시간은 물론이고 업무 중에도 말을 하고 싶은 욕구를 참지 못한다. 그렇다고 내용이 풍부한 이야기가 있어서 그런 것도 아니다. 그들의 수다는 대부분 남의 험담이나 뜬소문, 또는 자기중심적인 내용으로서 경박하고 비생산적이기 일쑤다. 그들은 대체로 청산유수처럼 빠른 말로 지껄인다. 어떤 직장에나 이런 사람들이 한두 명은 있게 마련이다.

그들은 마치 상대방에게 무엇인가를 전달하기 위해서라기보다는 지껄이는 것 자체를 즐기고 있는 듯하다. 그러나 본인은 그런 사실을 전혀 의식하지 못한다. 이것이 수다스러운 사람의 특징이다.

수다쟁이에게는 타인과의 관계를 조금이라도 더 유지하고 싶어하는 심리가 있다. 관계를 유지함으로써 무의식 속에 내재되어 있는 응석이나 의존의 욕구를 해소하고, 나아가 외로움을 달래고 싶은 것이다.

　그러나 떠들지 않고는 도저히 견디지 못하는 심리적인 이유는 보다 깊은 곳에 내재해 있다. 그 근원은 그들의 유아기까지 거슬러 올라간다.

　유아기는 어머니로부터 영양과 동시에 애정을 받는 중요한 시기다. 이 시기는 갓 태어난 유아의 정신적 성장에 큰 영향을 끼치는데, 이는 어머니가 갓 태어난 유아에게는 최초의 교류 대상이기 때문이다. 이 모자 관계가 원활하게 이루어지면 더할 나위 없겠지만, 누구나 다 그런 것은 아니다.

　예를 들어, 과보호적인 성격을 지닌 어머니에게서 자란 유아의 경우는 이 관계를 계속 유지하고 싶어 한다. 그래서 당연한 결과로서 이유(離乳)가 곤란해진다.

　반면 냉정한 성격의 어머니에게서 자란 경우에는 애정 욕구가 충분히 채워지지 않기 때문에 끊임없이 애정을 갈망하게 된다. 이런 경우는 성장 과정에서 유아기의 욕구를 자주 표출하게 된다. 젖을 먹고 싶다는, 입술의 점막에 의한 쾌감(유아 성욕)을 갈구하는 형태로 나타나는 욕구가 바로 그것이다.

이것이 성년이 되어서는 남들보다 말을 많이 하는 것으로 나타난다. 타인과의 관계를 조금이라도 오래 유지를 함으로써 응석이나 의존 욕구를 만족시키고 외로움을 해소하는 것이다. 즉, 이야기의 내용 자체보다는 그저 지껄이는 것으로 유아기 때에 충족되지 못한 입술 점막에 의한 쾌감을 즐기는 데 불과한 것이다.

수다스러운 사람은 언뜻 보기에 성격이 활기차고 밝은 것 같지만, 그 심리를 자세히 들여다보면 숙명적인 외로움을 지니고 있다는 사실을 알 수 있을 것이다.

수다와는 좀 다르지만 목소리가 큰 경우를 예로 들어보자. 아무리 타고난 목소리가 크다 해도 때와 장소에 따라 성량을 조절할 줄 아는 요령이 필요하다. 그런데 개중에는 공공장소에서도 큰소리로 떠드는 사람이 있다. 다른 사람에 대한 배려를 조금도 하지 않는 그들은 비단 목소리만 큰 게 아니라 일상생활에서도 그와 같은 무신경성을 드러낸다. 그들은 대부분 언뜻 호쾌해 보이지만, 알고 보면 치밀하지 못하고 생각이 단순하며 평면적이기 일쑤다. 또 의외로 소심하다. 그러나 그 스스로는 그런 소심성을 섬세하고 우아한 성격이라고 잘못 알고 있는 경우가 많다. 이런 사람들은 대부분 정신의학적인 측면에서 볼 때 순환성 기질에 속한다고 볼 수 있다. 뚱뚱하고 땅딸막한 체형에 머리 둘레와 가슴둘레 그리고 허리둘레가 크고 이마는 좁다. 또 어깨선은 둥그스름하고 사지는 짧고 살이 쪘으며 피부 혈색도 좋다.

이런 기질의 사람들은 일견 안정적이고 사교적이지만, 한편으로는 엄숙하게 무게만 잡을 뿐 임기응변이 없다. 그리고 감각이 섬세하지 못하고 재치 또한 없을 뿐만 아니라 무미건조하기까지 하다. 또 불만이 축적되면 감정을 폭발적으로 발산시키기 쉽다. 또한 전체의 공통된 의견에 따르려 하지 않고, 항상 자기 식대로 일을 처리한다. 그들은 성냥개비로 이를 쑤시며 거리를 걷기도 하고, 복잡한 전철 안에서 다리를 벌리고 앉거나 책상다리를 하는 등 타인에게 불쾌감을 주지만 정작 그 자신은 그런 사실을 깨닫지 못한다. 물론 이런 예는 큰소리로 이야기하는 사람들의 일반적인 경향에 불과하다.

힘이되는 명언

문제점을 찾지 말고 해결책을 찾으라.

- 헨리포드

있는 문제를
없었던 것으로 만들려 하지 마라

아무리 친한 사이라도 때로는 오해나 의견 충돌 때문에 틈이 벌어지는 경우가 있다. 이럴 때 지금까지의 응어리졌던 마음이 채 정리되지도 않았는데 "여보게, 요전의 일은 없었던 것으로 하고 우리 화해하세."라고 말하는 사람이 있다. 그러면 아직 상대방에 대하여 좋지 않은 감정을 품고 있음에도 불구하고, 그를 남자답고 뒤끝이 없는 시원시원한 사람이라고 생각하기 십상이다.

직장 동료나 친한 친구, 연인이나 부부 사이에서 사소한 오해나 의견 차이로 티격태격한 경우, 그것을 언제까지고 끈질기게 물고 늘어진다면 그 인간관계는 끝장나 버린다.

이 일시적인 차가운 관계를 회복하는 데에 있어 "없었던 일로 하자."라는 말은 매우 중요하다. 복잡한 인간관계를 유지하며 살아가야 하는 현대인은 누구나 항상 작건 크건 간에 타인과 감정의 갈등을 일으키게 마련이기 때문이다.

그렇다면 이 "없었던 일로 하자."라든가 "백지로 돌리자."라는 말을 연발하는 사람은 어떠한 심리를 지녔을까? 그런 사람은 십중팔구 대인관계가 원만하지 못한 타입일 것이다. 그리고 여러 가지 문제점을 안고 있는 사람이라고 해도 좋을 것이다. 그들은 아무런 거리낌도 없이 이런 말을 사용함으로써 마음의 응어리를 완전히 잊어버리고 서로의 관계를 원상태대로 되돌렸다는 생각을 품는다. 실제로 무거운 마음의 응어리를 떨쳐버리고 유쾌한 기분에 빠지는 것처럼 보이기도 한다.

그런데 과연 인간이 그렇게 간단하게 자신의 마음을 깨끗이 씻어버릴 수 있을까? 진상은 다음과 같다.

그들이 정말로 과거의 트러블에 대해 전혀 마음을 쓰지 않는다면, 그런 일이 있었던 것조차 완전히 잊어버릴 뿐만 아니라 "없었던 것으로 하자."라는 따위의 말을 한 것조차 기억하지 않을 것이다.

그러나 그들의 심리를 조금만 들여다보면, 그들 자신이 아직도 이전의 일에 대해 강하게 집착하고 있다는 사실을 알 수 있다. 그렇기 때문에 그와 같은 말을 자주 사용하는 것이다.

이런 관점에서 보면, 그들의 말은 상대방을 위한 것이 아니라 전적으로 자신을 위한 말이다. 즉 그들은 상대방에 대한 분노나 증오 또는 반감을 마음속 깊은 곳에 품고 있다. 그래서 그 충동을 상대방이 알아챌지도 모른다는 불안이나 공포를 감추기 위하여 "없었던 일로 하자."라는 말을 연발하는 것이다.

그들은 "없었던 것으로 하자."를 남발하기 위하여 무리하게 자신의 마음을 억제하는 경우도 많다. 본인이 의식하지 못한 가운데 축적된 이 억제 에너지가 무의식 속에 응어리져 '원망'이라는 감정으로 변화된다. 그리고 이 '원망'이 언제 어떻게 폭발할지 그 자신도 모른다. '없었던 것으로 하고 싶어하는 사람의 심리'는 이 정도로 밝혀두자. 좋은 인간관계는 서로의 의견 차이를 이해하고, 그 차이를 좁혀나가는 데에 있다.

이런 점에서 보더라도, 그 감정의 엇갈림을 깨끗이 없었던 것으로 하기보다는 서로가 철저하게 대화함으로써 해결하는 것이 효과적일 것이다.

힘이되는 명언

한 번 실패와 영원한 실패를 혼동하지 마라.
- F. 스콧 핏제랄드

따돌림을 받는 것은
마음의 문을 닫고 있기 때문이다

자신과 매우 친하다고 여기고 있던 친구가 자기에게는 알리지도 않고 다른 친구들과 모임을 가졌다는 얘기를 들었을 때, 그 친구한테 배신감을 느끼는 사람이 있다.

이는 소외감이나 처량함, 슬픔이나 질투심 등이 뒤섞인 감정이다. 그래서 그들은 자기를 그런 감정으로까지 몰아넣은 상대를 원망하며 토라져 버린다.

아무리 친한 친구 사이라고 해도 모임의 목적이나 내용, 그리고 모인 친구들의 직업이나 취미, 성별이나 나이 등의 여하에 따라서는 부르지 않을 수도 있는 법이다. 그런데도 그들은 어떤 모임이든 자신이 참석해야만 할 뿐 아니라, 그렇지 않을 경우에는 자기에게 미리 양해를 구하는 것이 당연하다고 생각한다.

그들이 이처럼 친구한테서 따돌림을 받았다는 기분을 갖게 되는 것은, 그들 자신이 타인과의 관계에만 마음이 사로잡혀 있을 뿐, 정작 자기 자신의 마음의 문은 열고 있지 않기 때문이다. 따라서 그들은 상대방과의 진정한 감정의 교류를 이룰 수 없는 것은 물론, 진정한 마음의 벗도 될 수가 없다.

그들에게는 자신을 감싸주기를 바라는 욕구가 강하다. 한마디로 자기중심적이며, 모임에서도 화제의 주인공이 되고 싶어 한다는 얘기다.

또한 그런 욕구를 만족시키기 위해 자신이 중심이 되는 모임을 만들기도 한다.

그러나 그들은 자기 자신의 문제 때문에 친구로부터 멀어지고 있다는 사실을 모른다. 오히려 앞에서도 말했듯이, 그들은 자기를 멀리한 상대를 원망한다. 원인은 자신에게 있는데도 말이다.

유아기 때의 모자 관계는 자기를 중심으로 한 안정된 마음의 세계다. 그런데 어느 순간 어머니는 자기만의 것이 아니라 형제의 공유물이라는 사실을 알게 되는 때가 있다. 그래서 어머니가 형이나 누이만을 데리고 외출했을 때에는 불안감이나 외로움을 느끼게 된다. 즉 어머니를 형제에게 빼앗겼다는 '형제 갈등'이 일어나는 것이다.

성숙한 어른이 되지 못한 사람들은 성인이 된 뒤에도 이때의 미숙한 정신적 유산을 현실 상황에까지 끌어들인다. 그리고 이것이 바로 외톨이가 되는 것에 대해 지나치게 신경을 쓰는 사람의 심리적 특성이다.

힘이되는 명언

절대 어제를 후회하지 마라.
인생은 오늘의 나 안에 있고
내일은 스스로 만드는 것이다.
- L. 론허바드

독설과 야유를
제대로 구분하라

세상 어느 곳에든 독설가는 있게 마련이고, 그들은 흔히 주위 사람들의 기분을 상하게 만든다. 그들의 독설 속에는 때로는 신랄한 야유가 섞이는 수도 있지만, 필자가 보기에는 독설과 야유는 그 뉘앙스가 다를뿐더러 그 심리적 기제도 다른 것 같다.

독설가는 상대방을 물어뜯는 듯한 말투에다 말씨도 거칠며 상대방의 마음에 상처를 입히고 그 상처를 확대시키지만, 야유꾼은 노골적으로 말하기를 싫어하고 야금야금, 또는 살짝 상대방의 마음을 바늘로 찌르는 것 같은 날카로움을 숨기고 있다. 이런 점에서 볼 때 야유꾼은 독설가에 비해 음성적이라고 할 수 있다.

또한 독설을 들으면 대부분의 사람들은 즉시 압박감을 느끼고 그것을 떨쳐버리기 위해 저항을 하지만, 야유의 경우는 그와 같은 맹

렬한 반발심이 일어나지 않는다. 때로는 그 당시에는 야유인 줄 모르고 있다가 나중에야 그 뜻을 알아차리고 쓴웃음을 짓거나 음울한 기분을 맛보기도 한다.

입사한 지 얼마 안 되는 어느 자동차 세일즈맨이 구매자와 계약을 끝내고 마음이 들떠 곧장 상사와 선배들에게 자랑을 했다고 치자. 그런 그에게 상사가 "대단하군. 자네에게 맡겨놓으면 회사가 아주 잘 되겠어."라고 말한다면 그는 이 말을 칭찬으로 받아들일 것이다. 그러곤 상사가 야유를 한 줄도 모르고, "부장님, 저한테 맡겨주십시오."라며 어깨를 으쓱거릴 것이다. 그런데 어떤 선배가 "한 대 팔았다고 그렇게 떠들고 다녀서야 되겠나. 자넨 꽤 칭찬을 받고 싶은 모양이군."이라며 독설을 퍼붓는다면, 그는 동료들에게 "그 선배는 입이 너무 걸어. 잘난 척만 하고 말이야."라는 식으로 투덜거리며 화를 낼 것이다.

이처럼 야유꾼은 핀잔을 줄 때 상대로 하여금 그것을 알아채지 못하게 하는 지적인 감각과 어느 정도의 배짱을 지니고 있는 반면 독설가는 지적인 유머 감각도 없고 마음이 좁은 사람인 경우가 많다.

그런데 위에서 예를 든 세일즈맨처럼 상사의 핀잔을 들었음에도 아무런 자극도 받지 않는 둔감한 사람에겐 독설이 효과적일 때가 있다. 그만큼 직설적이기 때문이다.

독설은 핀잔을 줌으로써 상대에게 무언가를 알아차리게 하는 충고와 달리, 그 스스로 독설 자체를 즐기는 사람들에게서 많이 나오는 경향이 있다.

　어머니한테 대들며 응석을 부리는 아이들을 흔히 볼 수 있다. 성인이 되어서도 이와 같은 변칙적인 행동 양식으로 마음의 밸런스를 취해 온 사람들은, 친한 사이일수록 더욱더 심한 독설을 퍼붓는다. 달리 표현을 하자면, 그들은 상대방에게 독설을 퍼붓지 않으면 그 사람과 친해질 수 없다고 생각하는 것이다.
　"저 녀석은 입은 거칠지만 사람은 좋아."라는 말을 듣는 사람이 종종 있는데, 그것은 상대방이 그의 독설을 인정해 준다는 뜻이다. 마치 어머니가 자식의 거친 말버릇을 나무라지 않고 인정해 주는 것처럼….

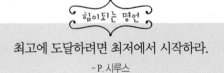

힘이되는 명언

최고에 도달하려면 최저에서 시작하라.

- P. 시루스

지나친 예의 뒤에 숨겨진
공격 욕구를 경계하라

좋은 인간관계를 유지하려면 무엇보다 예의를 잘 지켜야 한다. 그리고 상대에게 예의를 다하기 위해선 그에 마땅한 규범이나 순서, 말버릇 등을 지키는 것이 중요할 것이다.

그런데 아무리 정중하게 예의를 갖춘다고 해도 도가 지나치면 오히려 예의에서 벗어나게 되는 경우가 있다. 이른바 지나친 공손함은 무례와 통한다는 얘기와 같다.

프랑스의 한 문인은, "외면적인 태도의 예의만이라면 약간의 소질로 충분하지만, 정신적 예의를 지키려면 실로 많은 자질을 필요로 한다."라고 말했다.

그러고 보면 '은근히 무례하다'라는 소리를 듣는 사람들에겐 그의 말대로 '자질'이 결여되어 있는지도 모르겠다. 그들은 어느 장소에서나 또는 아무 때나 머리를 잘 숙이고, 한 번에 끝내도 될 인사를 두 번 세 번 거듭하고, 시종 상대에 대해 경의와 찬사를 보내는 게 특징이라고 할 수 있다. 그렇기 때문에 이런 사람을 처음 만나면 기분이 괜찮다.

그러나 만남이 몇 차례 계속되면 이내 '이 녀석은 공손이 너무 지나쳐. 무례한 놈 같으니라고. 나를 바보로 아는군' 하는 생각이 들게 마련이다.

이와 같은 대부분의 사람들은 유아기에 겪은 부모의 엄격한 교육에 의해 마음을 지배당하고 있다. 그래서 보통 사람은 아무렇지도 않게 여길 수 있는 욕구라 할지라도 그들은 죄의식과 공포, 불안감을 갖는다.

때문에 그런 것들을 마음속 깊은 곳에 억눌러 버리려는 마음의 작용이 일어나게 되는 것이다.

이런 상황은 억압 아래 놓여진 욕구 충동 에너지를 더욱더 축적하게 만들고, 그 결과 그것은 한순간에 강력한 공격 에너지로 변화되어 외부로 발산된다.

그리고 그러한 불안을 감추기 위한 반동 작용으로서 한층 더 상대에게 공손해지려는 방어기제가 작동하는 것이다. 즉 지나칠 정도로 예절 바른 그들의 마음속에는, 상대에 대한 강한 공격 욕구가 감취져 있는 것이다.

이러한 성격은 원만하고 정중한 직업인의 표본이라 할 수 있는
은행가 등에게서 흔히 볼 수 있다.

나이가 60이다 70이다 하는 것으로
그 사람이 늙었다 젊었다 할 수 없다.
늙고 젊은 것은 그 사람의 신념이
늙었느냐 젊었느냐 하는데 있다.

- 맥아더

비밀이 많은 사람에겐 수치심도 많다

사람은 누구나 비밀을 가지고 있기 마련이다. 그런데 아무런 거리낌 없이 얘기할 수 있는 사소한 것까지도 감추려는 사람이 있다. 예를 들어서, "자네 어젯밤에 A와 어느 술집에 갔었나?"라는 사소한 물음에도 굳이 "아니, 별 곳 아니야."라며 확실한 대답을 해주지 않는 경우이다. 묻는 사람의 입장에서는 당연히 그런 것까지 감추려고 하는 상대방의 태도에 짜증이 나게 마련이다.

그렇지만 그들은 누구에게나 늘 이런 식으로 대한다. 그래서 종종 다른 사람의 오해를 불러일으키기도 한다. 그러나 고의로 무슨 다른 뜻이 있어서 그런 태도를 보인다거나 행동하는 것은 아니다.

좋은 대인관계를 가지려면 무엇보다도 서로의 가슴을 열어 놓아야 한다. 흉금을 털어놓지 않고서는 서로를 제대로 이해할 수 없기 때문이다.

그런데 그들은 좀처럼 남에게 가슴을 열지 못한다. 따라서 본의 아니게 의뭉스럽다느니, 내성적이라느니 하는 등의 말을 자주 듣는다. 그러다 보니 인간관계 또한 겉도는 경우가 많다. 직장에서도 친한 친구가 없고, 융화가 안 되기 때문에 소외되기 십상이다. 그 결과 매사에 자신감이 없어지고 열등감을 가지게 된다.

그리고 그런 자신의 마음이 상대방에게 알려지는 것에 대해 불안감과 강한 수치심을 느끼고 그것을 감추려 한다. 결국 이 때문에 대인관계는 더욱 나빠지고, 다시 마음을 꼭꼭 닫아거는 악순환이 거듭되는 것이다.

작은 기회로 부터 종종 위대한 업적이 시작된다.
- 데모스테네스

성장 과정에서 깨닫지 않으면 안 될 인간관계

솔직한 사람인가,
미성숙한 사람인가

서른두 살의 샐러리맨 A씨는 "어제 맞선을 봤어. 아주 인상이 좋은 여성이었는데, 그녀도 내게 호감을 갖고 있는 것 같았어. 올가을에는 그녀와 결혼식을 올리고 싶어! 그땐 자네들을 꼭 부를게."라며 몹시 흥분하여 떠들고 다녔다.

그로부터 몇 주일 후, 동료들이 그 뒤의 경과를 물었더니 A씨는 잔뜩 시무룩한 얼굴로 "그 여자는 내가 마음에 들지 않나 봐. 어제 정식으로 결별을 선언했어."라고 대답하는 것이었다. 또 어느 때인가는 "우리 누나는 골칫덩어리야. 며칠 전 이혼을 했거든."이라며 직장 동료들에게 스스럼없이 가족 얘기를 한 적도 있었다.

이처럼 A씨는 자기 마음의 변화나 신변의 일들을 감추지 않고 동료들에게 모두 얘기하는 솔직한 사람이다. 그런데 A씨의 이런 솔직성에는 약간 문제가 있는 것 같다.

솔직하다는 것은 매우 좋은 일이다. 하지만 집안의 대소사까지 일일이 얘기한다는 것은 서른두 살이나 먹은 성인치고는 지나치게 순진한 것이 아닐까. 아니, A씨의 경우는 순진한 게 아니라 철이 없는 어린애나 다름없다.

인간은 어른으로 성장하는 과정에서 갖가지 대인관계의 체험을 통해 부끄러움이라든가 겸허함, 또는 일정한 개인적 프라이버시를 지니게 마련이다.

그러나 A씨의 경우에는 듣는 쪽에 대한 염려나 배려, 또는 창피함을 엿볼 수가 없다. 그리고 비밀이랄 것까지는 없지만, 그렇다고 일부러 얘기할 필요도 없는 것까지 있는 그대로 지껄이는 것으로 보아 신중함이 결여되어 있다고도 볼 수 있다. 극단적으로 표현한다면, A씨는 기저귀를 차고 있는 젖먹이 같은 인상마저 갖게 한다.

A씨와 같은 사람들을 만나게 되면, 우리는 사심이 없는 좋은 인품의 소유자라는 인상과 함께 일종의 두려움마저도 갖게 된다. 그것은 그의 마음이 완전한 무방비 상태에 놓여 있기 때문이다.

이처럼 자신을 거의 감추지 않고 노출시키는 사람에게는 아무 얘기나 섣불리 할 수가 없다. 왜냐하면 아무런 거리낌 없이 들은 그대로를 다른 사람에게 얘기할 위험성을 가지고 있기 때문이다.

한편, 우리는 A씨와 같은 사람에게서 오만하다는 인상을 받기도 한다. 천진한 아이가 "나는 그 애보다 공부를 잘해." 따위의 자랑을 아무 거리낌 없이 하는 것처럼, A씨 같은 사람 또한 낯간지러운 줄도 모르고 자기 자랑을 늘어놓는 경향이 있기 때문이다.

여기에서 우리는, 지나치게 순진한 사람은 어른으로 성장하는 과정에서 깨닫지 않으면 안 될 인간관계를 전혀 터득하지 못한 채 사회 속으로 발을 내디딘 사람이라는 사실을 확인할 수 있다.

힘이 되는 명언

문제는 목적지에 얼마나 빨리 가느냐가 아니라
그 목적지가 어디냐는 것이다.
- 메이벨 뉴컴버

조직을 떠나면
더 이상 동료가 아니다

정년퇴직을 했다든가, 오랜 기간 동안 근무한 직장에서 개인적인 사정으로 퇴직을 한 사람이 종종 그만둔 회사에 들르는 경우를 볼 수 있다.

회사를 찾아온 그들은 전에 자신이 근무했던 부서의 낯익은 상사나 동료들에게 반갑게 손을 들어 보이거나 친근하게 말을 붙이고는 한다. 그러면 그 전의 동료나 부하 직원이었던 사람들은 일손을 잠깐 멈추고 인사말이라도 한마디 건네야 한다. 그러고는 함께 담배를 피우거나 차를 마시며 서로의 근황을 묻고 대화에 귀를 기울이기도 한다.

그런데 그들은 한가한 시간은 빼놓고 모두가 바쁘게 일하고 있을 때에 얼굴을 내미는 경우가 많다. 그 시간에 들르면 만나고 싶은 사람 대부분을 틀림없이 만날 수 있다는 사실을 알고 있기 때문이다.

　그러나 마음먹고 들렀음에도 그들은 만족감을 얻지 못하고 돌아간다. 그래서 욕구 불만을 해소하기 위해 얼마 뒤에 또다시 회사를 찾게 된다.

그러면 그들이 원하는 만족감이란 무엇일까? 그들이 들르면 예전의 동료들은 일손을 멈추고 아는 체를 하지만, 대부분 겉치레 인사에 그칠 뿐 자신이 근무하고 있을 때 맛보았던 진정한 동료애를 느끼지 못한다.

그래서 표면적인 대화만 오갈 뿐 김빠진 공기가 흐르는 것이다. 민감한 그들은 그러한 분위기를 놓치지 않고 재빨리 눈치 챈다.

베테랑이었던 그의 책상 앞에는 후배가 의젓하게 앉아 있다. 그리고 직장의 분위기는 차츰 바뀌어 가고 있는 중이다. 이 모든 것이 그로서는 몹시 견디기 어려운 일이다.

한편 그의 뒤를 이은 후배는 찾아온 선배를 웃는 얼굴로 환영하기는 하지만, 변화하고 있는 직장 분위기에 이전의 공기가 섞여드는 것에 대해 내심 불쾌감을 갖게 될 것이다.

또한 상사가 된 그 후배의 마음을 잘 알고 있는 주위 사람들은 예전의 상사가 찾아옴으로써 샌드위치가 된 심경이 들 것이다. 이러한 어색함이 옛 직장에 들른 그에게 결과적으로 만족감을 주지 못하게 되는 것이다.

좀 냉혹하게 들릴지 모르겠지만, 회사를 퇴직한 이상 이미 그는 그들과 동료가 될 수 없다. 그렇지만 그런 사실을 깨달으면 깨달을수록 조직을 떠난 그의 마음은 더욱 고독해지게 마련이다.

현실적으로는 퇴직한 처지이지만, 마음속 깊은 곳에는 아직도 자신이 없어서는 안 될 중요한 사람이라는 생각이 무겁게 자리 잡고 있기 때문이다.

힘이되는 명언

용기있는 자로 살아라.
운이 따라주지 않는다면
용기 있는 가슴으로 불행에 맞서라.

- 키케로

인색한 사람을 구두쇠라고 단정 짓지 않기

마음의 변비 상태가
인색의 원인이다

담배 한 개비를 얻으려 해도 싫은 표정을 지으며 마지못해 주는 사람이 있다. 또 친한 친구의 결혼식인데도 축의금을 내는 데 인색한 사람도 있다.

대부분의 사람들은 아무리 세상살이가 어렵다 해도 원활한 인간 관계를 유지하기 위해서는 어느 정도의 지출은 감수해야 한다고 생각한다.

그런데 인색한 사람은 이런 생각을 하지 못하고 눈앞의 이익만을 따지며 돈 쓰기를 싫어한다. 만약 집 장만을 하기 위해서라든지, 차를 사기 위해서 필사적으로 절약하는 것이라면 그런대로 이해할 수도 있겠지만, 인색한 사람들은 그러한 것들과는 관계없이 지출을 꺼린다.

이들 대부분은 자신이 구두쇠라는 사실을 스스로 잘 알고 있다. 그리고 남들의 입에 그런 말이 오르내리고 있다는 사실도 이미 알고 있다. 그러면서도 돈을 내야 할 상황이 되면 어김없이 인색해진다.

이런 인색함은 그들의 성격과 깊이 관련되어 있는 경우가 많다. 즉, 그들의 성격 형성 단계에서 있었던 배설물에 대한 버릇이 크게 영향을 미치는 것이다.

2~3세쯤 된 어린아이는 어머니로부터 대소변을 가리는 훈련을 받게 된다. 그전까지는 기저귀에 자유롭게 배설하는 것이 허용되었지만, 이때부터는 시간과 장소에 제약을 받게 되고 사회성을 기르도록 훈련을 받는다. 이때 어린이는 난생 처음으로 자기 의지에 따라 배설을 조정할 수 있다는 사실을 깨닫게 된다. 그리고 어머니에게 자기의 의지를 표현할 수 있게 된다.

만약 배설기 이전에 어머니와의 감정 교류가 원활하게 이루어져 있는 경우라면 어린이는 어머니의 지시에 순응하며 잘 따를 것이다. 그러나 이 감정 교류가 순조롭지 못한 경우에는 어머니에 대한 불신감과 적의가 싹트기 시작하고, 어머니의 지시에 반항하려고 할 것이다.

즉, 배설을 꺼리게 되는 것이다. 이것이 인색한 사람의 심리의 원점이라고 할 수 있다.

그리고 그들의 일상 행동을 관찰해보면, 단지 금전에만 인색한 것이 아니라 남에게 무엇이든지 잘 보여주지 않으려 하고, 또 얘기도 잘 안 하려는 경향이 있다는 사실을 알 수 있다. 즉 마음이 변비 상태에 있는 것이다.

혹시 주변에 이런 인색한 사람이 있다면, 단순히 구두쇠라고 단정 짓지만 말고 무엇이 그를 그렇게 만들었는지를 알아봐야 할 것이다.

힘이되는 명언

사막이 아름다운 것은
어딘가에 샘이 숨겨져 있기 때문이다.

- 생떽쥐베리

지나친 고집은 약한 자아를 방어하기 위해 억지를 부리는 것

고집이 센 자는 자기 과실을 인정할 마음의 여유가 없다

인생을 살면서 잘못을 저지르지 않는 사람은 한 사람도 없을 것이다. 따라서 고의적인 것이 아니라면 잘못을 저지르는 것은 결코 부끄러운 일이 아니다. 그보다는 잘못인 줄 엄연히 알고 있으면서도 그것을 고치려고 하지 않는 것이 문제이다.

우리 주변에는 자신의 잘못을 인정하지 않고 고집을 부리는 사람이 종종 있다. 그들은 대개의 경우 자신의 잘못을 자각하고 있다. 그러면서도 솔직하게 시인하지 못한다. 그래서 고통을 받기도 한다. 때로는 그 고통에서 벗어나기 위해 끝까지 고집을 부리기도 한다.

왜 그들은 솔직하게 자기의 잘못을 인정하지 않는가? 그것은 자존심이 용납하지 않기 때문이기도 하지만, 다른 한편으로는 나름대로의 심리적인 이유가 있다.

이미 이야기한 바대로, 인간의 내적 성장은 모자간의 감정 교류에서부터 시작된다. 그런데 이 교류가 만족스럽지 못했을 경우, 유아에게는 인간에 대한 불신과 공격성이 생기게 된다.

그 결과, 괄약근의 조절 방법을 획득했음에도 아이는 오줌이나 똥을 배설하지 않고 억지를 부린다.

이와 같은 저항적 성향은 마음속에 고착되어 성인이 된 뒤에도 그대로 나타난다. 억지를 부리면 부릴수록 추하고 편협한 마음을 드러낼 뿐이라는 사실을 알면서도 그것을 고치려 하지 않는 것이다. 그것은 유아기의 감정 교류의 빈곤함이 마음 밑바닥에 고스란히 남아 있기 때문이다. 즉, 고집이 센 사람은 풍부한 감정 교류를 체험한 사람들과는 달리 자기의 과실을 과실로 인정할 마음의 여유가 없는 것이다. 경우에 따라 고집이 센 사람은 강한 자아를 지니고 있는 것처럼 보이기도 한다. 그러나 사실은, 약한 자아를 방어하기 위하여 억지를 부리는 것에 불과하다는 사실을 알아둘 필요가 있다.

힘이되는 명언

자신을 내보여라. 그러면 재능이 드러날 것이다.
- 발타사르 그라시안

친구를 보면
그 사람의 인품을 알 수 있다

생존을 위해서는 아무리 비위에 거슬리는 상사나 동료가 있더라도 얼굴을 맞대지 않을 수 없고, 술잔을 주고받지 않으면 안 된다. 더욱이 단골 거래처 사람들을 상대할 때는 그쪽 기분이 상하지 않게끔 연신 신경을 써야 한다. 이처럼 각박한 현실에 적응하려면 이해에 얽힌 부자유스러운 대인관계도 반드시 유지해야만 하는 것이다.

그렇지만 인간에게는 누구나 자기 의사대로 자유롭게 선택하고, 속마음을 드러낼 수 있는 친구라는 존재가 있다. 그런데 외부의 지시나 강압 없이 자기 스스로 선택했음에도 불구하고 걸핏하면 친구를 바꾸는 사람이 있다. 나름대로 이유가 없진 않겠지만, 우리는 그들이 일관된 자아를 아직 확보하지 못했고, 불안정한 심리 상태에 놓여 있음을 알 수 있다. 그리고 이것은 그런 친구를 가지고 있는 사람에게도 적용된다. 이는 내적으로 성숙하지 못한 어린이들을 관찰해보면 쉽게 알 수 있다. 어린이들은 그때그때 자기 마음의 흐름에 따라 친구를 바꾼다. 말하자면 친구를 자주 바꾸는 사람은 어린이들과 같은 마음의 작용을 성인 사회 안에서 아직껏 계속하고 있는 것이다.

키가 유난히 컸던 초등학교 선생님을 어른이 되어 만나보니 실은 작았다든지, 넓게만 느껴졌던 교정이 생각보다 좁았다든지 하는 경험을 거의 모든 독자들은 가지고 있을 것이다. 이는 신체상의 변화에 따라 수반되는 것이기도 하지만, 동시에 마음의 변화에 의해서도 일어나는 현상이다.

우리는 나이에 따라 감정이 맞고, 같은 문제에 대해 공감할 수 있는 사람을 친구로 선택한다. 그런데 성장하면서 마음의 발달에 차이가 생기면 지금까지 상대했던 친구가 다르게 느껴지고, 그 결과 서로가 겉돌게 된다.

그리고 자기도 모르는 사이에 헤어지고 만나는 과정을 거듭하면서 성년이 되어가는 것이다. 이어 자신의 존재를 일관성 있게 확인할 수 있는 성인의 마음을 갖추게 되면, 다소 감정의 유동은 있겠지만, 친구의 범위를 정하는 기준을 스스로 만들어간다. 그런데 어른이 되어서도 불안정하고 미숙한 마음을 지니고 있는 사람은 감정의 유동이 심하고, 그로 인해 친구를 정하는 기준이 확실하지 않다. 그래서 무절제하게 친구를 사귀기 쉽다. 그때그때의 기분이나 상황에 따라 친구를 사귀는 것이다.

그들은 흔히 슬픔이나 외로움 또는 불만을 느꼈을 때, 그것을 받아주고 위로해 줄 수 있는 사람을 친구로 선택한다. 그러나 이렇게 해서 이루어진 친구 관계는 오래가지 못한다. 왜냐하면 그 친구들은 그들의 욕구를 해소하기 위한 방편으로 이용될 뿐이기 때문이다.

예로부터 친구를 보면 그 사람의 인품을 알 수 있다고 했다. 그러므로 인맥(人脈)이나 그 지속성의 정도를 살피는 것은 상대방의 인간성을 파악하는 중요한 포인트가 되는 것이다.

곧 위에 비교하면 족하지 못하나,
아래에 비교하면 남음이 있다.
- 명심보감

셈이 흐리면
이상과 현실도 구분하지 못한다

친한 사람으로부터 돈을 빌려달라는 부탁을 받게 되면 좀처럼 거절하기가 쉽지 않아 어쩔 수 없이 그에 응하게 될 경우가 있다. 그러나 부탁할 때와는 달리, 정작 갚기로 약속한 날이 되면 소식이 없다.

많은 사람들이 대개 '앉아서 빌려주고 서서 받는다'는 이런 경우를 한두 번은 경험했을 것이다. 물론 돈을 빌린 사람이 고의로 갚지 않는 것은 아닐 것이다. 돈을 빌려달라고 부탁했을 때는 약속한 날짜에 꼭 돌려주려고 생각했을 테지만, 결과가 그렇지 못한 것이다.

그렇다면 왜 그들은 이처럼 본의 아니게 거짓말을 하게 되는 것일까?

결론부터 얘기한다면, 셈이 정확한 사람과는 반대로 그들은 괄약근의 힘이 약하기 때문이다. 배설물을 가리는 버릇을 들이기 이전의 어머니에 대한 애착이 강하게 남아 있고, 따라서 괄약근을 자기 의사대로 조종하는 능력이 불완전하다는 얘기다.

배설물을 가리는 시기에 어머니에 대한 강한 의존 심리가 형성되면, 배설하고 나서 뒤처리를 하지 않아도 어머니가 알아서 해주겠지 하는 기대 심리가 아이에게 심어지고, 그로 인해 버릇을 들이려 하면 할수록 애정의 굶주림을 느끼게 된다. 그리고 이것이 지나치면 애정 흡수 충동을 불러일으켜, 원하는 것은 무엇이든 자기 곁에 두고 싶어 한다.

로마의 정치가였던 카토는 "자네가 원하는 것은 사지 말라. 필요한 것만 사라."라고 말한 바 있지만, 그들은 불행하게도 이 말을 실행할 수가 없다. 자기 의지대로 조절이 되지 않기 때문이다.

이렇게 괄약근의 힘이 약한 것은 매듭(돈을 갚는 기한)을 짓지 못하는 것과도 관련이 깊다. 그들의 일상 행동을 자세히 관찰해보면 이런 사실을 금세 알 수 있다.

그들은 비단 돈 문제에서뿐만 아니라 나갈 때 문을 닫지 않는다든가, 일하다가 아무렇게나 팽개쳐둔다든가 하는 식으로 뒷마무리를 제대로 하지 못한다.

이런 버릇은 손을 씻지 않고 화장실에서 나온다든지, 매일 아침 세수나 양치질을 하지 않아도 아무렇지 않게 생각하는 형태로 나타나기도 한다.

　다시 말하자면, 금전 관계에서 시작과 끝이 깔끔하지 못한 사람은 이상과 현실을 구분하지 못하는 사람이라고 보면 거의 틀림이 없을 것이다.

힘이되는 명언

단순하게 살아라.
쓸데없는 절차와 일 때문에
얼마나 복잡한 삶을 살아가는가?

- 이드리스 샤흐

신체 언어로
공포와 불안을 감지하라

상사나 동료가 바라지도 않고, 또 그것을 해낼 만한 능력도 없으면서 스스로 일을 떠맡는 사람이 있는가 하면, 모처럼의 기회가 왔음에도 머뭇거리며 꽁무니를 빼는 사람이 있다.

아무리 조심성이나 겸손함 때문에 우러나는 행동이라 해도 도가 지나치게 되면 오히려 상대방으로 하여금 혐오감을 갖게 하거나 초조하게 만들 뿐이다.

물론 어떤 일을 하는 데 있어서 주저해 본 경험이 없는 사람은 없을 것이다. 아무리 재주가 뛰어난 사람이라 해도 뭔가 한 가지 정도는 서툴게 마련이기 때문이다.

그러나 여기서 문제가 되는 것은 다른 사람이라면 별말 없이 떠맡을 일인데도 불구하고 꼭 꽁무니를 빼는 사람의 경우다. 그들은 대부분 "자네의 능력이라면 충분히 할 수 있는 일인데…"라며 격려를 해주어도 막무가내다. 여기에는 그만한 이유가 있다. 물론 그들이 주저하는 것 자체를 즐겨서 그런 행동을 하는 것은 아니다. 스스로 할 수 있다는 확신을 갖고 있다면 자진해서라도 일을 떠맡을 것이다. 그러나 그들은 쉽사리 확신을 가질 수 없는 심리 상태에 놓여 있다. 그래서 선뜻 나서지 못하는 것이다. 그 까닭은 그들이 남들보다 월등하게 확신도의 기준이 높기 때문이다.

그렇다고 해서 그들의 이상이 너무 높다는 것은 아니다. 문제는 그들의 마음에 오히려 다음과 같은 심리가 숨겨져 있기 때문이다.

결론부터 말한다면, 그들은 한 조직의 구성원인 자신과 직장이 하나라는 생각을 갖고 있지 않다. 즉 심리적으로 직장 생활에 익숙하지 못한 것이라고 할 수 있다. 그러다 보면 자연 자신과 조직 사이에 균열이 생기고, 이를 메우기 위해 안간힘을 쓰다 보니 기준이 높아지는 것이다. 또 현실, 즉 까다로운 문제에서 직접적으로 벗어나고 싶다는 심리 때문에 꽁무니를 빼는 경우도 있다.

위와 같은 심리적인 기제 외에 다음과 같은 경우에도 그런 행동을 한다고 볼 수 있다.

그중 하나는 자신의 행동이 타인, 특히 자기를 잘 알고 있는 사람에게 알려지게 되면 난처해질 거라는 불안이나 공포, 또는 그 후에 일어날지도 모르는 신용의 실추를 미리부터 생각하는 경우다.

예를 들면, 남에게 들키면 자신의 장래에 좋지 않은 영향을 미치거나 사회적 지위를 잃을지도 모른다는 두려움 때문에 환락가를 드나들지 않는 사람이다. 다시 말해 도덕적인 관점에서 자신의 행동을 판단하는 게 아니라 단지 위신 때문에 점잔을 떠는 것이다.

반대로 타인의 시선보다도 그들의 마음에 도사리고 있는 윤리감 때문에 주저하는 경우도 많다. 즉 이런 짓을 해서는 안 된다는 죄의식이 작용하는 것이다.

소극적이고 매사에 주저하는 사람은 마음이 약한 사람이지, 결코 겸허한 사람이라고 할 수 없다. 이와 비슷한 심리가 극단적인 신체언어로 나타나는 경우도 있다.

필자의 친구 중에는 병원에서 심전도나 혈액, 또는 간장 검사에 대한 기록 등을 떼다 직장의 상사나 동료에게 내보이고 다니는 사람이 있는데, 그는 자신이 건강하지 못하다는 사실을 남이 알아주지 않으면 크게 실망한 표정을 짓곤 한다. 이와 같은 예는 의외로 많다.

어느 중소기업에서 임금 인상을 둘러싼 단체교섭이 한창 진행되고 있었다. 교섭은 난항을 거듭했다. 그러던 어느 날, 한 간부사원이 자신의 건강 상태에 대한 자료를 노동조합 측에 보여주었다. 그랬더니 그동안 강경하기만 하던 노동조합 측이 적절한 선에서 타협에 응했다고 한다.

대개의 사람들은 상대방이 몸이 아프다고 하면 관대해지기 마련이다. 회사에서도 "그렇게 몸이 불편하면 조퇴를 하고 병원에 가보라."고 한다든지 "건강이 회복될 때까지 업무를 다른 사람에게 돌리라."는 등의 배려를 해준다.

환자에 대한 따뜻한 배려와 동정심은 인간으로서 당연한 도리이지만, 그러나 몸이 불편하다는 것을 자랑하듯 남에게 선전하고 다니는 사람은 여느 사람들과 약간 다르다. 그들은 자신이 곤경에 처해 있음을 호소함으로써 상대방으로 하여금 동정심을 유발시키고자 하는 불순한 의도를 품고 있다 해도 과언이 아니다.

신체로 나타나는 증상은 몸으로 하는 표현, 다시 말해 신체 언어라고도 할 수 있다.

필자의 친구가 운영하는 병원에 그들과 유사한 타입의 사람들이 자주 찾아온다고 한다. 물론 의사로서 그들이 호소하는 신체 증상에 관심을 가질 수밖에 없지만, 그 친구는 그들로 하여금 이렇듯 자신의 건강하지 못함을 호소하게 하는 심리적 이유는 무엇일까에 초점을 맞추어 관찰한다고 한다.

필자의 친구가 여러 차례의 면담을 통하여 알게 된 그들의 공통점은, 업무에 대한 불만이나 직장에서의 인간관계에 갈등이 많다는 사실이었다.

그런 갈등 때문에 마음의 방어기제가 작용하고, 이것이 파급되어 신체 증상으로 나타나는 것이다. 즉 그들은 "나에게 부담이 되는 일을 맡기지 말라. 건강까지 나빠지지 않았는가? 이제 어떻게 할 텐가?" 하고 호소하고 싶은 것이다.

어딘가 이상이 있는 것도 아닌데 시간만 나면 병원을 찾아다니거나 결근을 하는 사람이 있다. 그러면서도 그는 업무 이외의 행사나 모임에는 빠짐없이 참석하곤 한다.

이런 사람들과 접촉을 할 때는, 몸이 불편하다는 구실로 그들이 호소하고자 하는 바가 무엇인지를 잘 헤아려보아야 할 것이다.

힘이되는 명언

당신이 할 수 있다고 믿든
할 수 없다고 믿든 믿는 대로 될것이다.

- 헨리 포드

> 귀는 사회활동과 초년 운세, 두뇌 회전을 판단한다

귀와 이마의 생김새로
사람의 마음을 읽는 법

"

귀는 눈을 기준으로 높은 곳에 위치할수록 좋다. 귓밥이 큰 사람은 후덕하고 귓밥이 없는 사람은 지나치게 이익을 챙긴다. 남자는 귀가 커야 큰일을 할 수 있고 여자는 귀가 작아야 만족하며 산다.

▶ 두꺼운 귀

환경이 좋은 가정에서 태어나 머리가 총명하여 명예와 재물을 얻어 장수하는 상이다.

▶ 얇은 귀

불운하고 재산을 팔아먹고 빈궁을 면치 못한다. 남의 말에 쉽사리 넘어가며 기술, 예술 계통이 적성에 맞을 수 있다. 재물운이 부족하고 덕이 없다.

▶큰 귀

귀가 크고 위쪽으로 붙어 있으면 사업가로서 성공할 수 있는 상
이다. 주의력이 남달리 깊고 뛰어난 성격으로 모든 일을 신중하게
처리한다. 가문이 훌륭하고, 부모운이 좋은 탓에 성격이 유유자적
하다.

▶작은 귀

의지가 약하고 감정적이며 활동도 약하다. 성급하고 마음의 변화
가 심해 비밀을 지키기 힘들다.

▶뒤로 젖혀진 귀

이해타산이 빠르나 낭비가 심하고 재물운이 부족하다. 육친의 덕
이 없어 고독하며 곤궁을 면치 못한다. 성격이 불량하며 결함이 있
을 수 있다.

▶높은 귀

높은 사람에게 신임을 받아 참모 역할을 잘 할 수 있으나 지도력
이 부족하다.

▶ 낮은 귀

주관이 뚜렷하고 성취욕이 강하다. 재물운이 아주 좋아 자수성가하며 대기만성한다.

▶ 점이 있는 귀

다른 부위에 있는 점과는 달리 귀에 점이 있는 경우는 부모에게 허리를 굽히는 상이라 하여 효자라고 본다.

▶ 귓밥은 인격을 상징한다

귓밥은 인상학에서 지륜(地輪)이라고 하는데 인격을 상징한다. 귓밥이 큰 사람은 후덕하기는 하지만 경쟁력에서 뒤져 손해를 보는 경우가 많고 귓밥이 없는 사람은 지나치게 이익을 챙겨 주위에 믿을 만한 사람이 없다.

▶ 이마는 밝은 빛이어야 한다

이마는 밝은 빛이어야 하고 흠이나 사마귀, 그리고 점이나 흉터 등이 없어야 좋다. 머리카락을 두 손으로 바짝 밀어 올렸을 때 넓은 직사각형처럼 훤하게 드러나는 이마는 인자한 마음과 폭넓은 이해심을 뜻한다. 운세도 매우 좋은 편이다. 이마의 위쪽 부분이 반달 모양으로, 가운데는 벗겨져 올라가고 양쪽 끝은 숲으로 덮여 있는 경우는 자기를 지나치게 믿어서 일을 그르치기 쉬운 상이다.

두 손으로 머리카락을 힘껏 밀어 올려도 코 길이의 3분의 2가 되지 않을 정도로 좁은 이마는 큰 인물이 되기는 어렵다. 밝은 쪽보다는 어두운 쪽, 큰일보다는 작은 일에 구속당하기 쉬워 앞에서는 큰소리치고 뒤에 서는 책임을 지지 못해 고민하는 형이다.

그러나 여성인 경우는 그 의미가 다르다. 질투가 강하고 이기적인 성격이기 때문에 남성을 자기 것으로 만드는 데 탁월한 능력을 가지고 있고 또한 어떤 수단을 사용해서라도 남편을 출세하게 만들려고 노력한다.

대체적으로 남성은 이마는 넓을수록 좋다고 볼 수 있고, 여성은 좁을수록 좋다고 보는데, 남성은 양(陽) 즉, 태양을 닮아야 좋다는 뜻이고, 여성은 음(陰) 즉, 땅을 뜻해서 태양을 가리는 그늘을 닮아야 좋다는 뜻이다.

힘이되는 명언

그대의 하루 하루를 그대의 마지막 날이라고 생각하라.

- 호라티우스

인간관계를 발전시키는 인생 명언

1. 남과 교제할 때, 먼저 잊어서는 안 될 일은 상대방에게는 상대방 나름대로의 생활방식이 있으므로 남의 인생에 혼란스럽게 하지 않도록 함부로 간섭해서는 안된다는 것이다. **(헨리 제임즈)**

2. 남을 너그럽게 받아들이는 사람은 항상 사람들의 마음을 얻게 되고, 위엄과 무력으로 엄하게 다스리는 자는 항상 사람들의 노여움을 사게 된다. **(세종 대왕)**

3. 남이 당신에게 관심을 갖게 하고 싶거든, 당신 자신이 귀와 눈을 닫지 말고 다른 사람에게 관심을 표시하라. 이 점을 이해하지 않으면, 아무리 재간이 있고 능력이 있더라도 남과 사이좋게 지내기는 불가능하다. **(로랜스 굴드)**

5. 세상은 거울과 같다. 사람들과의 관계에서 겪는 문제들 중 대부분은 스스로와의 관계에서 겪고 있는 문제를 거울처럼 보여주고 있다. 밖에서 나가서 남들을 바꿔놓을 필요는 없다. 우리 자신의 생각들을 조금씩 바꿔나가다 보면 주위 사람들과의 관계는 자동으로 개선된다. **(앤드류 매튜스)**

chapter 3

좋은 인상 주기와 가면 벗기

섣부른 친절은 자기만족을 위한 행위일 뿐이다 / 반목의 원인은 상대의 마음을 잘 못 읽는 것이다 / 공적인 자리에서는 애칭을 쓰지 않는다 / 자의식 과잉은 열등감 의 또 다른 표현이다 / 원칙을 버리면 본심이 드러난다 / 상대에게 좋은 인상을 주 기 위해 애쓰지 마라 / 과도한 규칙은 능력이나 창조성을 억누른다

돈을 잘 쓰는 사람의 자기만족 심리

유쾌하게 대접에 응하는 것도
훌륭한 처세술이다

누구나 한 번쯤은 '폼 나게 한턱낼 수 있는 경제력이 있었으면…' 하고 생각한 적이 있을 것이다. 그렇게만 된다면, 남에게 꿀릴 것도 없고 열등감을 가질 필요도 없기 때문에 그야말로 금상첨화일 것이다.

그러나 불행하게도 모든 세상사는 우리들 뜻대로만 되는 것은 아니다.

사회생활을 하다 보면 때로는 한턱 얻어먹지 않으면 안 될 경우가 있게 마련이다. 물론 돈이 없기 때문이 아니라 한턱내고자 하는 상대방의 체면이나 호의를 순수하게 생각해서 그럴 경우도 많다.

사람들은 흔히 상대방에 대한 우월감의 표시로, 또는 감사의 표시로, 또는 서로의 관계를 돈독하게 하기 위한 목적으로 남을 대접하곤 한다.

그런데 각자 부담할 수 있는데도 불구하고 "내가 낼게." 하며 스스로 나서는 사람이 있다. 만약 상대방이 계속 고집을 피우면, 그들은 "우리 사이에 왜 이래? 내가 이런 것 정도도 못 낼까 봐 그래?" 하면서 불만스러운 표정을 짓는다. 그들은 마치 대접하는 것 자체에서 기쁨을 느끼고 있는 것처럼 보이기도 한다.

대접을 받는 쪽에서야 돈을 쓰지 않게 되었으니 좋긴 하지만, 상대방이 쓴 돈 때문에 신경이 쓰이고 열등감을 갖게 되는 것이 보통이다.

물론 개중에는 자신의 돈을 아끼기 위해 그런 사람을 이용하는 경우도 있다. 특히 지위가 높은 사람들 중에는, 남들이 자기를 대접하고 즐겁게 해 주는 것이 당연하다고 여기는 사람이 적지 않다. 물론 이런 부류의 사람들을 모두 자기 돈을 아까워하는 인색한 사람이라고 단정 지을 수는 없겠지만 말이다.

일반적으로, 별로 신경을 쓰지 않고 열등감을 갖지 않아도 될 상대로는 부모나 형제 또는 친척, 가까운 선배 등을 들 수 있을 것이다. 그중에서도 부모, 특히 어머니에게는 그런 것을 거의 느끼지 못한다.

그것은 초기의 인간관계에서 어머니에게 완전히 의존하고, 응석을 부린 경험을 누구나 가지고 있기 때문일 것이다.

이런 의존에 대한 고착이 강할 경우, 성인이 되어서도 그것을 반복하기 쉽다. 즉 이것이 대접을 받는 것에 대한 기쁨과 만족감이 되는 것이다.

그렇다면 대접을 하는 쪽의 심리는 어떠한가? 단적으로 말해, 그런 사람들의 심리는 과보호를 하는 어머니의 마음과 비슷하다. 어머니들은 누가 시키지 않아도 아이들에게 봉사하고, 뒷바라지에 열성을 보인다. 즉 그러한 행위를 통해 자기만족을 얻고 있는 것이라고 할 수 있다.

그 이유는 일찍이 부모로부터 보호를 받아본 경험이 있는 그녀들이 그때의 안락함과 의존과 그리고 응석에 대한 욕구 불만 등을 지니고 있다가 그것을 아이에게로 쏟기 때문이다.

다시 말해, 아이를 그렇게 뒷바라지하고 응석을 받아들이는 형태를 취함으로써 무의식에 잠재되어 있는 욕구를 해소하려고 하는 것이다.

그녀들은 언뜻 보아서는 아이를 사랑하고 있는 것처럼 보이지만, 실제로는 아이를 통해 보람을 느끼는, 자기애가 아주 강한 사람들이다.

대접을 하고 싶어하는 사람들도 마찬가지의 심리를 가지고 있다. 그들의 행위는 마치 상대를 만족시키기 위해 봉사를 하고 있는 것처럼 보이지만, 실은 자기만족을 위한 것 그 이상도 이하도 아니다.

돈이 남아도는 것도 아닐 텐데 툭하면 대접을 하고 싶어하는 사람이 있다. 그러나 상대에게 계산된 다른 뜻이 없다고 판단되거든 유쾌하게 대접에 응하는 것도 훌륭한 처세술의 하나라고 할 수 있을 것이다.

힘이되는 명언

화려한 일을 추구하지 말라.
중요한 것은 스스로의 재능이며,
자신의 행동에 쏟아 붓는 사랑의 정도이다.

- 머더 테레사

상대의 마음을
정확하게 읽지 못하는 까닭

서로가 같은 인간인데 우리는 어째서 상대방의 마음을 정확하게 읽지 못하거나 때때로 잘못 읽는 것일까? 우리들이 만약 우리 내부에 억압되어 있는 갖가지 충동이나 욕구 등을 있는 그대로 의식하게 된다면, 우리는 너무나 강한 불안감이나 공포, 그리고 불쾌감을 갖게 될 것이다. 그렇기 때문에 우리들은 무의식적으로 마음의 안전장치(자기 방어기제)를 작용시켜 그러한 불안이나 공포, 불쾌감 등을 다른 형태로 바꿔놓는다.

이처럼 우리의 생생한 감정을 자기 방어기제라는 안전장치가 수식·가공하기 때문에 좀처럼 상대방의 마음을 알아내기 어려운 것이다.

우리가 잘못 읽는 것은 이와 같은 무의식중에 억압되어 있는 개인의 마음만이 아니다. 우리들을 둘러싸고 있는 현실 환경(대인관계도 포함하여), 즉 외부 환경도 갖가지 불안이나 공포, 불쾌감 등으로 인해 제대로 그 참모습을 보지 못하는 경우가 많이 있다.

외부 자극에 대한 마음의 내성에는 한도가 있다. 마음의 저항력(자아의 강인성)을 넘어설 만한 자극이 주어지게 되면 그 중압감을 잘 처리하고, 조화를 유지하려는 작용으로서 마음의 안전장치가 기능을 발휘한다.

그런데 마음의 위기를 깨달았을 때의 방어기제의 활동은 개개인에 따라서, 또는 그 상황에 따라서 각기 다르기 때문에 사람의 마음을 잘못 읽을 수밖에 없는 것이다.

도시 사람들은 농촌 사람들보다 외부 환경에 자극을 받기가 쉽다. 이는 도시 사람들이 마음의 안전장치를 작용시켜 감정의 조화를 이루려 하는 경향이 많기 때문이다. 즉 자신의 진정한 마음을 몇 겹의 오블라토로 싸서 복잡하게 만들어버리는 것이다.

지방에서 상경한 사람들 대부분은 "도시 사람은 너무 빈틈이 없어서…"라는 말을 곧잘 입에 담는데, 이것은 도시인의 마음을 읽기 어렵다는 것을 뜻하기도 한다. 이와 같은 도시인의 마음을 정확하게 읽으려면, 그들과 마찬가지로 우리의 마음을 감싸고 있는 오블라토를 제거해야 한다. 즉 색안경을 벗고 관찰하면 되는 것이다. 이 경우 무엇보다 중요한 것은 상대방의 첫인상을 성립시키는 요소들을 버리는 것이다.

상대방에 대한 첫인상은 다섯 가지 요소들로 이루어진다는 세코드의 추정방식 이론이 있다. 이 세코드 이론을 소개하면 다음과 같다.

❶ 시간적으로 확대하여 생각하는 과정

이것은 일시적인 것을 항구적인 것으로 해석하는 경향을 말한다. 예를 들면 한 사람의 웃고 있는 모습을 본 뒤로, 그 사람에 대해 '선량하고 마음씨 좋은 사람'이라는 인식을 갖게 되는 것 따위이다.

❷ 이전에 겪는 경험을 토대로 일반화하려는 경향

이전에 있었던 특정인과의 대인관계의 경험을 토대로 초면인 사람에게도 같은 관계를 그대로 유입시키는 경향이다. 상대방에 대한 판단이 애매하면 애매할수록 이 일반화 경향은 강해진다.

❸ 카테고라이즈 경향

미리부터 준비된 몇 가지 틀 속에 타인을 포함시키는 경향이다. 예를 들면 상대방의 나이를 보고 그 나이의 사람들은 일반적으로 '침착하다'든가 '그다지 정열적이 아니다'라는 식으로 받아들이는 것이다.

❹ 기능적 특성에 기초를 둔 추정

예를 들면 입은 '말'을 하는 데 쓰이므로 입이 작은 사람은 '과묵하다'라고 추정한다거나, 이마가 넓고 큰 사람은 '지능지수가 높다.' 안경을 낀 사람은 '지적이고 근면하다.'라고 생각하는 등의 경향이 이에 해당한다.

❺ 비유적인 일반화

'더부룩한 머리'에 '거친 피부'를 가진 사람은 매우 수수한 성격을 지녔을 거라고 생각하는 경향을 가리킨다.

위의 다섯 가지 요소로 볼 때, 첫인상은 결국 한 개인을 일반화, 보편화시키는 기제로 작용할 뿐이라는 것을 잘 알 수 있을 것이다.

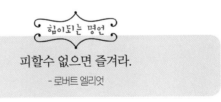

힘이되는 명언

피할 수 없으면 즐겨라.

- 로버트 엘리엇

진정 남을 위해 애쓰는 사람과 자기도취에 빠진 사람의 혼동

섣부른 친절은
자기만족을 위한 행위일 뿐이다

출장이나, 여행 등을 떠날라치면 부탁도 하지 않았는데 자기가 아는 사람을 소개해 주겠다고 나서는 사람이 더러 있다. 그 결과 업무를 쉽게 보거나 낯선 땅에서 생각지도 않게 유흥을 즐기게 되기도 한다.

"자네, 내일 출장 간다면서? 그럼, 이 사람을 찾아가서 내 이야기를 하고 대화를 나눠보게. 자네에게 여러 가지로 편의를 제공해 줄 걸세."

그러나 그가 소개해 준 사람이 정작 그 사람을 그다지 신뢰하지도 않은 것 같고, 그뿐만 아니라 누구를 소개해 줄 만큼 친한 사이가 아닌 경우도 종종 있다.

그런 사람들 중에는 특히 해외에 있는 친구를 소개해 주겠다며

의욕을 보이는 사람이 있다. "자네, 런던에 가면 이 소개장을 가지고 이 사람을 찾아가 보게. 런던에서는 이 사람을…"이라는 식으로 말이다.

더러는 순진하게 그 말을 믿고 소개받은 사람을 찾아가는 일도 있다. 그러나 그 결과는 앞에서 말했던 것과 마찬가지인 경우가 허다하다.

이쪽의 기대에 전혀 부응하지 못하거나, 극단의 경우에는 소개해 준 사람의 이름조차 상대방이 기억하지 못하는 촌극이 벌어지기도 한다.

그들은 부탁도 하지 않았는데 왜 자진해서 이 같은 친절을 베푸는 것일까? 언뜻 보기에 상대방을 배려한 선의의 행위로 생각하기 쉽다. 또 실제로 그들 자신도 그와 같은 발상에서 소개해 주는 것이 보통이다. 하지만 그들은 너무나도 무책임하기만 하다.

일단 소개를 해 준 이상, 미리 그 사람에게 연락을 해보는 등 최소한의 성의는 보이는 것이 상식인데 대개의 경우 그렇지 않기 때문이다.

소개장 하나만 달랑 써서 줄 바에는 차라리 소개를 안 해주는 것이 더 낫다.

그러나 그들은 자기들이 소개자로서 책임을 다하지 못하고 있음을 깨닫지 못한다. 그들은 상대방을 감싸주고 잘 돌봐주겠다는 충동을 소개해 주는 행위를 통해서 해소하고 있는 데 지나지 않는다.

또 '나는 어디에 가더라도 인맥이 넓고 신용이 있다'라는 점을 주위 사람들에게 알려서 자기 현시욕을 만족시키려고 하는 것이 소개라는 형태로 나타나는 경우도 있다. 이것 또한 결국에는 남을 위한 배려가 아니라 자기만족을 위한 행위일 따름이다.

그러므로 진정으로 열과 성을 다해 남을 위해 애쓰는 사람과 자기도취에 빠져 나서기 좋아하는 사람을 혼동하는 실수를 범해서는 안 될 것이다.

진짜 문제는 사람들의 마음이다.
그것은 절대로 물리학이나 윤리학의 문제가 아니다.
- 아인슈타인

일 중독증과 애사심을 구별하라

　　휴일인데도 별로 하는 일 없이 집에 틀어박혀서 어정쩡하게 하루를 보내는 사람이 있다. 그들은 이런 답답한 상태를 견디다 못해 친구를 불러내 술을 마시기도 하고, 경마장에 가기도 한다. 그리고 월요일 아침이 되면 누구보다도 일찍 잠자리에서 일어나 개운한 기분으로 출근하는 것으로 평소의 리듬을 되찾는다.

　　이처럼 휴일인데도 불구하고 온종일 회사 일을 생각하며 월요일이 되기를 기다리는 샐러리맨이 최근 늘어나고 있다. 이런 사람은 일을 좋아한다기보다는 일에 중독되어 있다고 할 수 있다. 그런데 그들의 생활을 세밀히 관찰해보면, 많은 공통점을 발견할 수 있다.

　　첫째, 그들은 근무 시간이 끝나도 하는 일 없이 엉거주춤 사무실에 남아 있는 경우가 많다.

잔업하고 있는 사람에게 말을 건네기도 하고, 차를 마시며 동료들과 잡담으로 시간을 보낸다. 그러다 보면 "가까운 데서 한잔하고 가지 않겠나?"라든가 "당구 한 게임 하고 갈까?"라는 등의 제안을 받는다. 사실 그들은 누군가 그런 제안을 해주길 기다리며 사무실에 남아 있었던 것이다. 그렇다고 해서 반드시 이들의 가정에 문제가 있는 것은 아니다. 그들은 그저 집으로 직행하기엔 아쉽다는 생각을 마음 한구석에 지니고 있을 뿐이다.

둘째, 그들에게는 휴일일지라도 회사와의 관계를 유지하고 싶다는 마음이 감추어져 있다.

그래서 친구를 불러낼 때도, 대개의 경우 직장 동료일 때가 많다.

셋째, 그들은 '휴일은 가정에서 봉사하는 날'이라고 강변하는 경향이 있다.

그런데 그 봉사라는 게 기껏해야 유원지나 놀이공원에 아이들을 데리고 가는 데서 벗어나지 못하는 경우가 대부분이다. 즉 그들은 인간이 만든 조직이라는 틀에 얽매여서 살아갈 수밖에 없는 성숙치 못한 마음의 소유자들인 것이다.

이런 현상은 어머니에게 전적으로 의존함으로써 안정을 구하던 유아기에서 그 원인을 찾을 수가 있다. 그러므로 이들의 자아 발달은 당연히 정상적이지 않을뿐더러, 각박한 현실 조직과의 동일성 또한 쉽게 얻을 수가 없다. 그렇기 때문에 자기의 존재가 애매해지고, 그럴수록 불안해하는 것이다. 그리고 그 불안을 견디기 위해 방어기제를 작동함으로써 유아기 때의 의존심과 어머니와의 일체감을 직장이라는 환경 안에 끌어들인다. 즉, 냉엄한 조직에서 도피하는 것이 아니라, 거꾸로 조직과의 일치감(과잉 동일성·과잉 적응)을 꾀함으로써 마음의 균형을 유지하고자 하는 마음의 작용인 셈이다.

이러한 관점에서 볼 때, 휴일임에도 차분한 상태로 지내지 못하는 것은 노이로제의 무의식적인 표출이라는 사실을 알 수 있다.

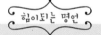

힘이되는 명언

눈물과 더불어 빵을 먹어 보지 않은 자는
인생의 참다운 맛을 모른다.

- 괴테

반목의 원인은
상대의 마음을 잘못 읽는 것이다

관리자는 사람의 마음을 정확하게 읽을 수 있어야 한다. 이의 중요성은 사원을 채용할 때만 국한되는 것이 아니다. 관리자 측이 부지불식간에 자기의 미숙한 체험이나 가치관을 가지고 부하의 마음을 읽으려 할 경우, 그 편견으로 인해 부하와의 인간관계에 균열이 생기기 쉽다.

'제 눈에 안경'이라는 말이 있듯 일반적으로 인간은 자신의 안경에 잘 맞는 사람을 좋은 사람, 그렇지 않은 사람을 나쁜 사람으로 구별하기 쉽다.

대개가 중년층인 관리자들은 인생 체험을 통하여 자기 나름대로 가치관과 철학을 가지고 있다.

그런데 그들 중에는 그러한 자기의 가치관이나 철학에 꿰맞추어서, 즉 자기의 안경을 통해서만 상대방의 마음을 읽으려는 사람도 있다.

그러나 요즘의 젊은이들은 다양한 가치관과 생활방식을 중요시한다. 따라서 그런 식으로는 젊은 부하들의 마음을 제대로 읽을 수 없을 것이다.

그럼에도 자기만의 안경을 고집한다면 그 결과 서로 갈등이 생기게 되고, 결국에는 인간관계의 단절로까지 발전하기 십상이다. 이래서는 관리자로서의 통솔력을 의심받지 않을 수가 없다.

어떤 관리자는 부하와의 의사소통을 꾀하기 위해 자주 술자리를 함께하기도 한다. 이것도 한 가지 방법이긴 하겠지만, 상대의 마음을 정확하게 파악한 다음 정식으로 술잔을 나누는 것이 옳다고 생각한다.

유능한 관리자들은 그들 나름대로의 가치관, 바꿔 말하면 확고한 신념을 가지고 있음에도 불구하고 결코 자기의 주장만을 내세운다거나 편협하지 않다.

그들은 사고방식이 대단히 유연할 뿐만 아니라 색안경을 끼고 상대방의 마음을 파악하려 하지 않기 때문에, 인간관계에 균열이 생기는 일도 없고 부하나 주위 사람들로부터의 평가도 상당히 좋을 수밖에 없다.

일단, 이러한 관계가 성립이 되고나면 상대방은 자기의 본심을 관리자에게 스스럼없이 내보이며 속내를 털어놓게 된다. 그 결과,

관리자 측은 부하의 마음을 보다 더 정확하게 읽고 파악할 수 있게 되는 것이다.

같은 직장에 다니면서도 서로가 반목하는 사람들을 우리는 흔히 볼 수 있다. 일종의 유대관계가 공동생활의 필요조건인데, 이렇게 되어서는 일의 능률 면에도 상당한 영향을 끼치게 되고, 나아가서는 그들 자신의 전망도 어두워지게 마련이다.

이렇게 반목하는 가장 큰 원인은 무엇보다도 서로가 상대방의 마음을 잘못 읽기 때문이다. 특히 매일 얼굴을 마주 대하는 직장 동료임에도 상대방의 의도를 잘못 해석할 경우 이런 일이 생기게 되는 것이다.

우리는 누구나 직장 상사라든가 연장자, 선배 등에 대하여 어렵고 거북한 상대라는 의식을 가지고 있다. 이것은 가족 중심의 문화적 전통을 현실의 조직 내부에까지 끌어들이고 있는 것과 깊은 관계가 있다.

동양인들은 절대적인 가장(아버지), 상사, 연장자, 선배 등에 대하여 존경하고 동경하는 마음과 함께, 그들의 권위에서 연유하는 위압감과 공포감을 가지고 있다.

이러한 위압감이나 공포감, 또는 자신을 제거할지도 모른다는 불안감에서 벗어나기 위하여 우리들은 흔히 비위를 맞추고, 되도록이면 웃는 얼굴로 윗사람들을 대하려고 애를 쓴다. 또는 그 반대로 애써 윗사람들과 얼굴을 마주치지 않으려고도 한다. 그리고 상사는 자신의 기분을 살피는 듯한 부하들의 태도에 대하여 그다지 싫지 않은 기분을 품게 된다. 자신의 권위나 위대함을 인정받는 것으로 착각하는 것이다.

그러나 이와 같은 상사의 대부분은 권위를 휘둘러 억압감이나 긴장감, 공포감 등을 일으키게 한 자신들에 대하여 부하가 마음속 깊이 미움과 분노의 감정을 품고 있다는 사실을 깨닫지 못하는 경우가 많다.

확실히, 상사는 부하의 장래를 결정할 수 있다.

이렇듯 상하의 대인관계에서 우위를 점하고 있는 것이 상사이다. 그런 만큼 부하는 상사에 대하여 더욱더 조심스러워진다. 그러나 이와 같은 상사도 한 직장을 구성하는 구성원인 이상 원만한 인간관계를 유지해야만 하는 존재이다.

따라서 아랫사람들은 상사로부터 알게 모르게 받게 되는 억압감이라든가 공포감 따위 등이 어쩌면 자신들만의 편견일지도 모른다는 사실을 깨달아야 할 것이다. 그들도 상사이기 전에 본디 하나의 인간이기 때문이다. 이 점을 마음속에 새겨두는 것이 무엇보다도 중요하다.

아랫사람들이 상상하고 있는 것 이상으로 윗자리에 앉아 있는 상사는 고독한 존재일 수 있다. 실제로 그들은 자기의 기분을 진정으로 이해해 주는 부하가 없다고 생각하는 경우가 허다하다.

그렇기 때문에 편견을 버리고 그들의 속마음을 정확하게 꿰뚫어 보고 이해하고자 노력하는 것이야말로 상사에게 좋은 인상을 주는 지름길인 것이다.

물러나서 조용하게 구하면 배울 수 있는 스승은 많다.
사람은 가는 곳마다 보는 것마다
모두 스승으로서 배울 것이 많은 법이다.

- 맹자

공적인 자리에서는
애칭을 쓰지 않는다

후배 A군의 하숙집에 찾아갔을 때의 일이다. 그곳으로 가끔 그의 숙모가 찾아오곤 했다. 그녀가 A군을 향해 "덕세야, 덕세야."라고 부르자 그는 "숙모님, 애들 부르는 식으로 그렇게 부르지 마세요. 저도 이젠 성인이 되었잖아요."라며 항의를 했다.

그러자 그녀는 "어머, 왜 새삼스럽게 내가 네 이름을 바꿔 불러야 하니? 덕세가 어릴 때부터 부르던 너의 이름이야. 설마 그걸 잊은 건 아니겠지?" 하며 A군이 못마땅해하는 까닭을 모르겠다는 듯이 말했다.

그러나 이제 성인이 된 그로서는 여간 억울한 게 아니다. 성인이 되어서도 어린애 취급을 받고 있으니 그가 화를 내는 건 당연하다.

A군과 달리 어릴 때의 호칭으로 불리는 것에 아무런 저항을 느

끼지 않는 사람들도 많다. 가령 '영원한 소녀가수 ○○양'이라고 불려도 아무렇지 않게 여기는 여성가수의 경우, 그녀가 평상시에도 그런 애칭에 아무런 저항을 느끼지 않는다면, 그것은 그녀가 아직 성인답지 못하다는 증거다.

직장에서 상사나 동료 남성이 여직원을 애칭으로 부르는 경우가 종종 있다. 그러나 직장은 누가 뭐라 해도 공적인 장소다. 하물며 동료 여직원을 애칭으로 부르는 것은 공과 사를 혼동해도 유만부동이 아닐 수 없다.

여직원이 동료 남성을 '미스터 ○'라고 부르는 경우도 많은데, 그녀들은 그렇게 함으로써 남성과 대등하다는 쾌감을 맛볼지도 모른다.

그러나 이것은 상사가 부하 직원에게 '미스터 ×'라고 부르는 것과는 엄연히 다르다.

또 남자 친구의 이름을 서슴없이 부르는 여성이 있다. 이 경우는 물론 애정을 담은 표현이지만, 만약 공적인 장소에서까지 그런 식으로 남자 친구를 부른다면, 그것은 그녀에게 사회성이 결여되어 있음을 말해 주는 것이다.

이처럼 애칭을 즐겨 부르는 사람들은 공적인 장소에서도 사적인 감정을 끌어들이려 한다.

또한 그들은 자신이 속해 있는 조직에 대한 귀속 의식이 강하다. 그런데 이런 현실이 스트레스의 원인이 되기 쉽다. 바로 거기서 엄격한 현실과 거리를 두고 싶어하는 심리 작용이 일어난다.

그리고 그 공간을 애칭이라는 사적 감정을 동원해 메움으로써 현실에 적응하려는 심리가 나타나는 것이다.

만약 누군가가 자신을 애칭으로 부른다면 반드시 상대방의 진의를 꿰뚫어 보라.

힘이되는 명언

만약 우리가 할 수 있는 일을 모두 한다면
우리들은 우리자신에 깜짝 놀랄 것이다.

- 에디슨

지나친 꼼꼼함은
강박관념의 발로이다

성격이 꼼꼼한 사람은 일의 진행 속도가 다른 사람보다 늦을지도 모른다. 그러나 일을 적당히 해치우는 성격이 아니므로 어느 누구한테나 신용을 받는다. 그러나 그것도 정도가 지나치면 문제가 된다. 이런 사람들의 책상은 동료의 그것과는 비교도 안 될 만큼 항상 깔끔하게 정돈되어 있고, 사무용품이나 서류 등이 놓여 있는 위치나 방향까지도 지극히 이상적이고 한결같다.

그러나 그들이 잠깐 자리를 비웠을 때, 누군가가 아무 생각 없이 볼펜을 빌려 쓰고 도로 갖다놓았다고 하자. 자리에 돌아온 그들은 본능적으로 볼펜이 위치가 달라진 것을 깨닫고는 "누가 만진 거지?" 하며 불쾌한 표정을 지을 것이다.

이런 사람들 때문에 주위 사람들이 골치를 앓는 경우가 종종 있다. 그러나 그들 자신도 실은 이러한 성격 때문에 고민을 하고 있다는 사실을 제대로 아는 사람은 드물다. 그들은 지나치게 꼼꼼한 자신의 성격이 비합리적이라는 것을 누구보다 절실히 깨닫고 있는 것이다.

정 그러면 그런 성격을 뜯어고치면 되지 않느냐고 단순하게 생각해 버리기 쉽지만, 그러나 그들은 그것조차 자기 뜻대로 할 수가 없다. 거기에 바로 그들의 고민이 있는 것이다. 만일 억지로 그런 성격을 고치려고 애쓴다면, 그들은 십중팔구 침착성을 잃거나 엉뚱한 행동을 하고 말 것이다.

이것을 전문용어로 강박관념이라고 하는데, 강박관념을 행동으로 옮긴 상태가 강박행위다. 물론 이런 경향은 누구에게나 있다. 예를 들면, 가스의 밸브를 잠갔으면서도 다시 한 번 확인하지 않으면 마음이 놓이지 않는다거나, 편지를 우체통에 넣고 나서도 다시 한 번 확인하는 것 등이다.

설핏 들으면 강박관념이나 강박행위는 의심나는 일을 확인하고 싶은 관념이나 행동을 말하는 것 같지만, 그러나 그것은 결코 의심을 풀기 위한 행위가 아니다.

왜냐하면 굳이 확인하지 않아도 될 상황에서 그런 일이 종종 벌어지기 때문이다.

지나치게 꼼꼼한 사람들이 같은 동작을 되풀이하는 것을 보면 왠지 신경질적인 인상을 풍기게 마련인데, 그러나 그들의 그런 반복적인 동작은 그들에게 있어 하나의 의식이다. 이런 현상은 일상생활에서도 자주 볼 수 있다.

가령, 어떤 일을 시작하기 전에는 반드시 '하나, 둘, 셋, 넷!' 하고 숫자를 센다거나, 책상 위의 도구를 다시 한 번 고쳐놓는 일, 의자에 앉기 전에 방석을 뒤집어보는 행위 등이 있다.

이런 행위는 그야말로 자기 자신을 위해 하는 하나의 의식이다. 그래서 그들은 누가 어떻게 생각하든 그렇게 하지 않고는 못 견딘다. 바꿔 말하면, 상대방이 싫어하니까 하지 말아야겠다는 배려 따위는 애당초부터 할 수 없는 것이다.

힘이되는 명언

1퍼센트의 가능성, 그것이 나의 길이다.

- 나폴레옹

자의식 과잉은
열등감의 또 다른 표현이다

"A부장은 나를 싫어하는 것 같아. 하는 일마다 일일이 트집만 잡고 있어."라든가 "B군은 나의 승진을 시기하고 있어. 하지만 이해할 수 있어, 그는 내 입사 동기니까." 또는 "저쪽에 모여 있는 친구들이 또 내 얘기를 하고 있는 모양이야."라든가 "C 과장이 나에 대해서 뭔가 얘기 안 해?" 등등 직장 동료에게 자질구레한 것들을 이것저것 물어보는 사람이 있다.

그런데 대개의 경우, 그들이 지나치게 신경을 쓰는 것만큼 다른 사람들은 정작 그들에게 관심을 갖지 않는다. 이런 행동을 자의식 과잉이라고 말해 버리면 그뿐이지만, 그들이 남달리 남의 평판이나 시선에 신경을 쓰는 데에는 그 나름의 이유가 있다. 그 하나는 열등감 때문이다.

직장이라는 조직에 적응하기 위해서는 그 조직이 추구하는 바나 생활양식에 조화감과 안도감을 갖고 그 조직의 구성원과 잘 어울릴 수 있어야 한다. 그러나 그들은 그 조직의 일원인 것처럼 보이지만, 사실은 그렇지 못하다.

따라서 현실과 조직 사이에 심리적 갈등이 생긴다. 이것이 바로 열등감이 되는데, 이 열등감을 의식하게 되면 그들은 극심한 불안감에 휩싸인다. 그리고 심리의 내부, 즉 무의식 속으로 열등감과 불안감을 밀어넣고 만다. 이어 자신은 조직의 당당한 일원이라고 스스로를 정당화시키고, 그런 엄연한 사실을 다른 사람들이 부정하고 있다는 식으로 외부에 적의를 품는 심리 작용이 일어난다.

그들에게 있어 대상 인물 모두가 가해자적 존재가 되는 까닭이 여기에 있다. 그러나 실은 그들의 대상이 된 인물이야말로 진정한 피해자임은 말할 것도 없다. 그럼에도 그들은 그 사실을 깨닫지 못한다.

그들은 어째서 이렇게까지 타인의 평판에 신경을 곤두세우는 것일까? 그들은 남보다 몇 배 이상 타인에게 관심을 가짐으로써 호감을 얻고자 하며, 타인과의 관계 없이는 자신의 존재조차 없다고 생각할 만큼 마음(자아)이 약하다.

또 그들은 타인의 시선을 통하여 자신의 존재를 확인한다. 그러나 그것은 어디까지나 타인과의 관계일뿐, 실은 진정한 자신을 외면하고 있는 것이다. 진정한 자아는 주위 사람들과의 관계에서 해방되었을 때 비로소 획득할 수 있는 것이기 때문이다.

이와 같이 생각하면, 피해 의식을 갖고 있는 사람들은 진정한 자기라는 주체가 완성되지 않은 사람들이라고 할 수 있다. 또 주체성이 결여되어 있기 때문에, 자신과 그 외의 것을 구별하는 의식도 분명하지 않다.

한마디로 그들에겐 자타의 구별이 확실치 않다. 즉, 그들의 적은 자기 자신이지, 주위 사람들이 아닌 것이다.

힘이되는 명언

마음만을 가지고 있어서는 안된다.
반드시 실천하여야 한다.
- 이소룡

마음을 방어하기 위한 허세와 과시욕

당신의 가면은
무엇인가

사람은 누구나 새로운 조직이나 집단에 들어갔을 때, 그 환경에 적응하기 위해 노력하는 한편, 심리적으로는 긴장을 하게 된다. 그러나 얼마 후 그 환경에 익숙해지면 새로운 분위기에 저항감을 가질 필요도 없게 된다.

인간은 이렇게 서서히 집단 속의 일원으로 융합이 되어 가면서 그 조직에서 자기 자신의 존재를 확인하고 서서히 성장을 해 나가는 것이다. 그런데 겉으로는 그럴지 몰라도 내면으로는 융합되지 못하고 반항하는 심리가 남아 있는 사람도 많다.

이런 심리적 상태에 놓이면 자신의 존재를 잃어버릴지도 모른다는 불안으로부터 도피하기 위해 현실 사회의 조직을 거부하게 된다. 이러한 심리 상태가 바로 노이로제인데, 심한 경우는 정신병으로 발전되기까지 한다.

　반면 존재 상실의 불안감으로부터 도피하기 위해 오히려 더욱더 적극적으로 현실 조직에 밀착하고자 하는 사람도 있다. 그들은 조직 속에서의 자신의 존재를 남보다 두 배로 인식하기 위해 노력한다. 또 소속되어 있는 회사나 출신 학교, 그리고 직위나 업무의 역할, 때로는 가계(家系) 등을 더럽히지 않기 위해 끊임없이 세심한 주의를 기울인다.

　가정에서는 자신의 지위에 어울리는 행동을 하도록 부인을 다그치고, 자식에게도 그에 걸맞은 대학에 입학하기를 원한다. 이것은 결코 부인이나 자식을 위해서가 아니라, 현실 조직에 자신이 존재하고 있다는 증거를 잃을지도 모른다는 불안감 때문에 그러는 것이다. 그래서 그들은 자신의 존재가 위협받았을 경우, "창피를 당했다."는 식으로 투덜거리며 상대방을 힐책한다.

　만일 회사 조직의 일원으로서, 또 업무를 분담하고 있는 한 사람으로서 욕심을 부리려고 안간힘을 쓰지도 않고 완전히 적응되었다면, 그 조직 내에서의 그의 존재는 확실할 것이다.

　그런 사람들은 가령 누군가가 그의 입장을 위태롭게 했더라도 "창피를 당했다."라기보다는 그저 "난처하게 됐다."라고 말할 것이다. 그러고는 자신의 본분을 다하는 데 노력을 기울일 것이다.

이로써 우리는 "창피를 당했다."라고 말하는 사람은 자신의 존재조차 확실치 않은 열등감의 소유자라는 것을 알 수 있다. 또한 언제 어느 때 자신의 존재가 말살될지 모른다는 두려움에 떠는 소심한 사람이라는 것도 알 수 있다.

그러므로 그들은 평소에 자신을 과시하고 허세를 부리는 것으로 자기의 마음을 방어하는 것이다.

이런 것들이 그들을 호탕하고 거만하게 만드는, 즉 자기 혼자 잘난 체하게 하는 결정적인 요인이 된다. 이 잘난 체하는 태도에 누군가가 상처를 주었을 때 그들은 "창피를 당했다."라고 말하는 것이다. 즉 "창피를 당했다."라는 말은 "모처럼 위세를 부리고 있는데 네 놈이 나의 가면을 벗겨버렸어. 가만두지 않을 거야!"라고 상대방을 힐책하는 것과 같다.

힘이되는 명언

산다는것 그것은 치열한 전투이다.

- 로망로랑

원칙을 버리면
본심이 드러난다

요즘은 자기 집에서도 충분히 날개를 펼 수 없다고 불평하는 남자가 많은 세상이다. 하물며 직장에서 그것을 기대한다는 것은 아무래도 무리일 것이다.

하지만 긴장된 직장 안에서도 마음을 푹 놓고 느긋한 여유를 즐길 수 있는 장소가 있기 마련이다. 바로 화장실이다. 거기서는 상사건 동료건 할 것 없이 모두 벽을 바라보고 방뇨를 한다. 누구나 똑같이 바지의 지퍼를 내리고 볼일을 본다. 옆에서 볼일을 보고 있는 상사의 그것을 곁눈질로 슬쩍 훔쳐볼 수도 있다.

"이거 뭐야! 상사도 나와 같은 인간이잖아!"

때로는 위엄이 있고 근엄하기까지 한 상사도 자신과 별로 다를 바 없는 모습으로 비춰지기도 한다. 이것은 여성들은 맛볼 수 없는,

남자화장실에서만 볼 수 있는 그야말로 유니크한 정경이다.

　이와 같이 남자 화장실에서는 자신들의 심벌까지 서로가 아무런 수치감 없이 내놓을 수 있을 뿐 아니라 체내에 고여 있던 불필요한 것들을 쏟아버리는 해방감도 맛볼 수 있어, 지위의 상하 관계가 일시적으로 소멸된다. 그러므로 근무 중의 행동 원칙에서 벗어난 각자의 본심이 드러나기 쉽다. 방뇨를 하는 것과 동시에 그동안 쌓였던 스트레스도 어느 정도 푸는 것이다.

　화장실에서 곧잘 말을 거는 사람이 있다. 그러나 그 내용은 업무와는 별 관계가 없는 것이 태반이다. 푸념을 늘어놓거나 상사에 대해 욕을 하거나 퇴근 후에 있을 술자리에 관한 얘기들이 대부분이다.

남자들의 화장실에서의 행동을 살펴보노라면, 아무리 일을 잘하고 어떤 어려움도 주위에서 부러워할 정도로 거침없이 헤쳐 나가는 것처럼 보이는 사람도 결국은 다른 사람과 마찬가지로 긴장의 연장 속에서 살고 있음을 쉽게 알 수가 있다.

　배뇨의 곤란을 호소하며 정신과 병원을 찾아가는 사람들이 있다. 가정에서는 아무렇지도 않은데, 회사에서는 물론이고 공중화장실에서도 배뇨를 못 하는 사람들이다. 그들은 특히 사람이 옆에 있거나 뒤에서 기다리고 있으면 전혀 소변을 볼 수 없다고 한다. 불행하게도 그들은 화장실에 있을 때조차 자신을 해방시킬 수 없는 것이다.

어쨌든 나란히 서서 방뇨를 하면 기묘한 긴장감을 갖게 되므로 윗사람이나 마음에 맞는 사람에게 말을 거는 경우가 많다. 그리고 이런 기회에 듣는 한마디의 말은 상대방의 마음을 읽는 데 상당히 큰 도움을 준다.

힘이되는 명언

오랫동안 꿈을 그리는 사람은
마침내 그 꿈을 닮아 간다.

- 앙드레 말로

부친콤플렉스가
상사에 대한 공포를 가져온다

상사 앞에 서면 어느 정도 긴장을 하게 되는데, 개중에는 필요 이상으로 겁을 먹는 사람이 있다. 그들은 상사의 목소리에도 겁을 먹을 뿐만 아니라, 남이 야단을 맞고 있는 것에도 민감한 반응을 나타낸다. 또 불안감에 떨고 머리를 조아리며, 자신의 주장조차 솔직하게 말하지 못한다.

그들은 자신의 의지를 나타내는 데 소극적이기 때문에, 주위 사람들로 하여금 좀더 큰소리로 확실하게 말해 달라고 큰소리를 치게 만든다. 또한 업무 보고를 할 때도 서두가 길어지거나 우물거리기만 할 뿐 요점을 놓치는 경우가 많다. 그러면서도 그들은 '어째서 나만 이렇게 운이 나쁜 것일까', '어째서 나만 들볶는 것일까' 하고 생각한다. 또 그로 인해 당연히 기분이 언짢아지고 자신감을 잃게 된다.

3년 전쯤, 필자에게 서른세 살의 한 샐러리맨이 다음과 같이 호소한 적이 있다.

그는 과장에게 야단맞는 것이 늘 두렵고, 그것만 생각하면 기분이 우울해져 회사에 출근을 할 수가 없으며, 가까운 장래에 과장 대리로 승진하게 되어 있으나 과장만 생각하면 불안해서 밤에도 마음 편히 잘 수가 없다고 울상을 지었다.

설핏 보면 그의 경우는 상사인 과장과의 인간관계가 문제인 것처럼 보인다. 그런데 그와 장시간에 걸쳐 대화를 나눈 결과, 필자는 그가 육체적으로는 남성이지만 심리적으로는 아직 남성성화가 되어 있지 않다는 사실을 발견했다.

남성화는 성장과 더불어 차츰 형성되는 것으로, 유아가 어머니의 수유를 떠나 배설물을 제대로 가릴 수 있는 무렵부터 시작되는 마음의 작용이다.

젖을 뗀 후 어머니에 대한 전면적인 의존에서 탈피한 남자아이는 이 시기가 되면, 아버지라는 존재에 대해 강한 관심을 나타낸다. 그리고 남자아이에게 있어 아버지는 위대하고 강하며 권위적인 대상으로 강하게 인식되어진다. 동시에 자기와는 너무도 동떨어진 위대한 존재인 아버지에 대해 불안과 공포를 느낀다.

이 불안과 공포를 견디지 못한 어린이는 아버지에 대한 이미지를 자신의 내부에 주입시키게 되는데, 이것이 남성화 작용의 시초다. 그러곤 친구나 학교 선생님 등을 이상의 남성상으로 받아들이는 과정을 겪으면서 보통 청년기에 남성화를 완성한다.

앞에서 말한 그 샐러리맨은, 과장이라는 권위를 지닌 상사에 대한 공포감을 주로 호소했지만, 마음의 문제는 실제로 부친 콤플렉스에 있었다. 그는 아버지에 대한 콤플렉스를 현실인 직장 안으로 끌어들여 반복하고 있었던 것이다. 즉 부친의 위대하고 강하고 큰, 그리고 권위에 대한 공포나 불안을 마음속 깊숙이 간직하고 있었던 것이다.

만약 주변에 이런 사람이 있다면, 지금까지 이야기한 경우를 참조하여 그의 심리를 읽어보는 것도 좋을 것이다.

힘이되는 명언

자신감 있는 표정을 지으면 자신감이 생긴다.

- 찰스 다윈

자신의 잘못을 정당화시키는 오만함

변명은
두려움의 표출이다

누가 봐도 잘못된 일을 가지고 극구 변명을 하는 사람이 있는데, 이처럼 꼴불견인 경우도 없다. 이러한 변명에는 아래의 두 가지 유형이 있다.

하나는, 본인 스스로 그 잘못을 알고 있으면서 갖가지 이유를 붙이는 경우다. 이때는 어떻게 해서든 자신의 처지를 정당화하려고 애쓴다.

그러나 스스로 자신의 잘못을 알고 있는 만큼, 아무리 좋은 말로 변명을 해도 진실성이 결여되어 있기 때문에 금세 노출되고 만다.

또 하나는, 분명히 잘못되어 있는데도 본인은 결코 잘못이 아니라고 믿고 있는 경우다.

옳다고 여기고 있는 만큼, 정색을 하며 자신의 정당성을 주장한다. 그렇기 때문에 나름대로 설득력이 있고, 따라서 앞의 경우보다 더 다루기가 곤란하다.

전자든 후자든 변명을 한다는 것은, 그 자체로 남 보기에 좋지 않다. 그것은 솔직하지 못한 행동일뿐더러 오만하기까지 한 행동이기 때문이다.

여기에서 중요한 것은, 그런 사람들은 왜 남에게 주의를 받으면서도 애써 그러한 언동을 하는가이다.

그것은 그들이 무리하게 자신을 정당화하지 않으면 안 될 만큼 자신의 약한 마음이나 무능력을 받아들이는 데 두려움을 갖고 있기 때문이다.

또한 그들은 무의식중에 갖가지 욕구 충동을 가지고 있고, 자기 나름대로 자기의 잘못을 정당화시킴으로써 그 욕구를 충족시키는 것이다.

그런데 그런 언동은 어디까지나 비현실적인 욕구 충동에서 출발하고 있기 때문에, 현실적인 상황에서 판단할 경우 제삼자를 납득시키지 못한다.

따라서 자신의 논리를 앞세우는 그런 언동이 다른 사람에게 오만하다는 인상을 주는 것이다.

외박을 하고 나서 "회사 일 때문에 도저히 빠져나올 수가 없었어."라고 변명을 한다든지, "차가 막혀서…"라고 약속 시간에 늦은 이유를 둘러대는 사람들이 우리 주변에는 얼마든지 있다.

경우야 어쨌든 변명은, 자신의 잘못을 필사적으로 정당화시키는 작업이라고 할 수 있다.

힘이되는 명언

네 믿음은 네 생각이 된다. 네 생각은 네 말이 된다.
네말은 네 행동이 된다. 네행동은 네 습관이된다.
네 습관은 네 가치가 된다. 네 가치는 네 운명이 된다.

- 간디

상대에게 좋은 인상을 주기 위해 애쓰지 마라

인간은 보통, 상대가 자신에게 호감을 가져주기를 기대한다. 또한 그 때문에 상대를 기쁘게 해주고, 상대방이 고맙게 여길 만한 일을 하려고 마음 쓰게 마련이다.

상대방의 요구나 물음에 쉽게 응하고 대답하는 것은 그런 마음을 표현하는 하나의 방법이다.

이런 사람들 중에는 상대방이 전혀 기대하지도, 요구하지도 않았는데 먼저 나서서 일을 떠맡는 부류와, 상대편이 요구를 하거나 부탁을 하면 그 말이 떨어지기가 무섭게 곧바로 승낙을 하는 부류가 있다.

그러나 그런 언동이 말한 대로 반드시 이루어진다고 단정할 수는 없다. 왜냐하면 그들에게 그런 일을 해낼 만한 능력이 있는지 없는지는 그 당시로는 도저히 알 수가 없기 때문이다. 실제로 얼결에 응낙은 했지만 상대방의 기대를 충족시켜 주지 못하는 경우가 많은 게 현실이다.

그러면 그들은 왜 실현이 불가능할지도 모르는 일까지 쉽게 떠맡는 것일까?

물론 그들은 계획적으로 거짓말을 하고 있는 게 결코 아니다. 그들이 분에 넘치는 일을 떠맡는 것은 앞에서 말한 것처럼 상대방에게 호감을 주고, 또 상대방을 기쁘게 해줌으로써 좋은 인상을 남기고자 하는 충동이 그들의 마음속에 일어났기 때문이다. 따라서 자신의 능력과는 아무 관련이 없다.

다시 말하면 자신의 능력으로 그 일을 해낼 수 있는지 어떤지를 냉정하게 판단할 시간은 물론 마음의 여유가 없는 상태에서 말을 입 밖에 내놓은 것뿐이다. 즉 그들은 상대의 기대와 감정의 흐름에 과도하게 신경을 쓰는 반면 자기가 놓여 있는 처지는 정작 잊고 있는 것이다.

어찌되었든 그들은 비록 일시적인 일이기는 할망정 상대방으로 하여금 일말의 기대나 희망을 갖게 해줌과 동시에 상대의 걱정거리를 덜어준 셈이 된다. 그런데 이것이 실현 불가능하게 되면 상대에게 오히려 큰 폐를 끼치게 되거나 상처를 키워주는 결과가 초래되기도 한다.

만약 그들이 그렇게 쉽게 말하지 않았다면 상대방은 다른 수단을 써서라도 자기 나름대로 일을 해결하기 위해 노력했을 것이다. 즉 경우에 따라서는 본의 아니게, 그들의 마음과는 반대로 가해자가 될지도 모른다는 뜻이다.

매사에 자진해서 나선다든지 무슨 일이든 쉽게 응낙하는 사람은, 성인 사회에서는 통용되지 않는 무책임한 사람들로서 이는 자신의 인격이나 신용과도 관련이 있다는 점에 주목해야 한다.

힘이되는 명언

먼저핀꽃은 먼저진다.
남보다 먼저 공을 세우려고 조급히 서둘것이 아니다.
- 채근담

과도한 규칙은
능력이나 창조성을 억누른다

회사에 따라 나름대로의 분위기가 있고, 그것이 그 회사의 개성으로 인상 지어지는 일이 종종 있다. 이것은 그 기업의 사훈이나 규칙이 좋건 나쁘건 오랜 세월에 걸쳐서 회사원 전체에게 침투된 결과이다.

이러한 경향은 전통을 지닌 유명 기업일수록 더 강하다. 입사한 지 얼마 되지 않는 사원은 이런 모종의 분위기에 적응하느라 안간힘을 쓰면서도, 종종 특유의 룰에서 이탈을 하기도 한다.

이런 이탈을 가능한 한 빨리 방지하기 위한 것이 사내규칙을 고착시킨 목적이다. 대개 신입사원이 회사라는 조직에 적응하려면—지위에 따라서 달라지지만—다음의 두 가지 방법밖에 없다.

첫째는, 일반 사원의 경우인데, 그들로서는 회사가 정해 놓은 규칙과 이미 형성되어 있는 분위기에 적응하는 수밖에 별다른 방법이 없다.

둘째는, 그들보다 위에 있는 중간 관리자의 경우다. 회사의 분위기에 적응하기 어려울 때 중간 관리자는 자신이 적응하기 쉽도록 환경을 바꿔나가는 방법을 취할 수가 있을 것이다.

이들 중에는 자신이 쉽게 적응하기 위해 새로운 규칙을 고안해 내거나 표어를 내걸고는 부하 직원으로 하여금 무조건 따를 것을 강요하는 사람이 있다. 그뿐 아니라 "규칙을 지키지 않는 부하가 많기 때문에…"라든가 "최근에 매상고가 떨어진 것은 부하가 정신을 차리지 않기 때문이다."라는 식으로 모든 잘못을 부하직원의 탓으로 돌리기도 한다. 또 이것이 새로운 규칙을 계속 만들어내는 원인이 되기도 한다.

이렇게 만들어진 규칙은 직장에서 어떤 영향을 끼칠까?

새로운 규칙을 만들어낸 중간 관리자들은 그것을 정확히 준수한다. "역시 부장은 다르군! 이번에 만든 규칙을 스스로 정확히 지키는 것을 보면…"이라며 존경의 마음을 품는 부하 직원이 있을 정도로 말이다.

그러나 사실 그들은 결코 솔선수범하는 것이 아니다. 단지 규칙 자체가 관리직인 그들이 적응하기 쉽도록 만들어졌기 때문에 그것을 준수하기 쉬울 뿐이다.

새로운 규칙을 정하려면 부하직원들과 자주 의논을 하고, 그 결과에 따라 정하는 것이 좋을 것이다. 그러나 대부분의 간부사원들은 일방적으로 규칙을 만들어내기 쉬운 위치에 있다.

부하 직원의 입장에서 보면, 이럴 경우에는 새롭게 만든 규칙에 의해 적잖이 규제를 당하게 되고 새로운 규칙에 다시 적응하고자 하는 심리 작용이 일어나게 마련이다. 이렇게 된다면 부하 직원들이 지닌 본래의 능력이나 창조성까지 억눌릴 염려가 있다.

만드는 것이건 지키는 것이건 규칙에 대해 어떻게 반응하느냐에 따라 그 사람의 인간성을 읽을 수 있다는 사실을 간과해서는 안 될 것이다.

힘이되는 명언

신은 용기있는자를 결코 버리지 않는다.
- 켄러

> 코는 운세, 성격, 정력을 판단하는 보물 창고

코와 인중의 생김새로
사람의 마음을 읽는 법

코는 크게 세 부분으로 나눈다. 코뿌리, 즉 두 눈 사리의 코가 시작되는 부분(이하 상부라고 한다)과 중간 부분(이하 중부라고 한다)과 콧방울이 있는 아래 부분(이하 하부라고 한다)이다.

코는 30대 후반에서 50대 초반까지의 운세를 나타내는 부분으로 운세 감정에 매우 중요한 자료이며, 성격 판단과 정력을 판별하는 보물창고이기도 하다.

▶ 코의 길이가 짧은 사람은 성격이 급하다

코의 길이가 짧은 사람은 성격이 급해서 일을 그르치기 쉽고 안정감이 없는 편이다. 성격이 겸손하나 주체성이 결여되고 독립심이 약하며 유혹에 약하다. 개방적이고 낙천적이다. 보통 얼굴 길이의 3

분의 1 정도가 코의 적당한 길이인데, 코가 짧다는 것은 그만큼 이상도 작고 생각도 짧아서 일에 실패하기 쉽다는 것이다. 반면에 코가 긴 사람은 성실하고 책임감이 강하여 가정생활도 원만하다. 돈벌이에 지나치게 신경을 쓰지 않아 풍족한 생활을 하지 못하나 기량이 좋다.

코가 높고 늘씬하기는 한데 살집이 거의 없어 보이며 코끝이 뾰족한 사람은 일을 시작해서 추진하는 과정까지는 잘 진행되지만 마지막 마무리 단계에서 주저앉게 되는 일이 많고 형제나 친척 간에도 우애가 별로 없는 상이다.

코를 정면에서 바라볼 때 콧구멍이 보일 듯 말 듯한 것이 정상인데, 거의 보이지 않는 사람은 매우 이기적이며 남을 도울 줄 모르고, 반면에 콧구멍이 훤히 드러나 보이는 사람은 사치와 허영을 좋아해서 빚더미에 올라앉기 쉽고 허풍이 강해 거짓말을 잘한다. 그러나 콧구멍이 드러나 보일수록 인정이 많고 주위 사람들에게 인기를 얻기 쉽다.

▶높은 코

이상이 높고 자존심이 강하여 자신만만하다. 정의감이 강하고 활동적이며 재물을 모으는 힘이 강하다. 그러나 성격이 오만하며 사고가 자기중심적이다.

▶ 낮은 코

행동이 본능적이며 타인에게 의존하는 경향이 강하다. 자신을 잘 알고 분수를 지켜 모험이나 위험한 일에는 뛰어들지 않고, 일에 열중하여 성실한 생을 이끌어 간다.

▶ 두툼한 코

육체적으로 매우 건강하지만 두뇌 회전은 그리 좋은 편이 못 된다. 대체적으로 운세가 강한 편이고 성격도 활발해서 대인관계가 좋아 일찍 성공할 수 있으며, 40대에는 안정된 생활을 유지할 수 있다.

▶ 매부리 코

물욕이 지나치게 강해 남을 이용하여 득을 챙기는 사람이 많다. 누구에게나 사랑받지 못하고 심성이 독하고 간사하며 꾀가 많다.

▶ 콧방울이 큰 코

재물운이 왕성하여 벌기도 잘 벌지만 쓰기도 잘 쓴다. 스스로 운을 개척해 자수성가 하나 자상하지 못하고 고집이 강해 야만적이라는 평을 받기 쉽다.

▶ 콧방울이 작은 코

신경질적이며 재물운이 약해 행동이 수동적이다. 정력이 약하고 성격이 소심하다.

▶ 인중이 깊은 사람은 사고력이 뛰어나다

인중은 웃을 때는 펴지고 고민할 때는 고랑이 깊이 파인다. 즉, 인중의 고랑이 깊은 사람은 사고력이 뛰어난 대신 정신적인 고통이 많으며, 인중이 펴진 사람은 생각 없이 일을 저지르기는 하지만 인생을 편히 사는 타입이다. 인중이 있는 윗입술은 늘 이에 붙어 있어야 좋은 상이다.

인중이 짧은 사람은 참을성이 없고 수명이 짧으며 이상이 낮다. 감정의 흐름에 몸을 맡기는 일이 많아 눈물이 많고 마약 같은 약물류에 중독되기 쉽다. 성격도 모난 경우가 많아 친구가 자주 바뀐다.

인중이 긴 사람은 수명이 길고 참을성이 많으며 덕이 많다. 감정보다는 이성적인 판단을 중요시해서 한번 사귄 사람은 오랫동안 그 관계를 유지하려 하고 모임에서는 뒷전에서 방패가 되어 주는 역할을 맡는다.

힘이 되는 명언

꿈을 계속 간직하고 있으면 반드시 실현할 때가 온다.

- 괴테

chapter 4

심리학에서 습득하는 소통의 기술

소통의 기술은 직관적인 '육감'이다 / 인격 형성의 과정을 세밀하게 살펴라 / 풍부한 감정 교류는 도량과 원만함을 지니게 한다 / 억압된 충동이 시간관념을 없앤다 / 주체성을 갖고 책임을 다할 때 자아 동일성은 확립된다 / 7가지 방어기제로 소통의 기법을 습득하라

소통의 기술은
직관적인 '육감'이다

상대방의 마음을 정확하게 읽는 데 뛰어난 재능을 지닌 사람은 다음의 세 가지 조건 중 어느 하나는 반드시 갖추고 있다.

첫째 조건은, 지금까지의 인간관계에서 얻은 경험을 바탕으로 상
　대의 심리를 꿰뚫어보는 데 탁월하다.

이런 타입은 회사를 경영하고 있는 훌륭한 경영자 중에서 흔히 볼 수 있다. 그들은 오랜 세월에 걸쳐서 많은 종업원을 접촉한 경험을 토대로 인사관리에 익숙하다.

이 경우의 소통의 기술은 직관적인 '육감'이다. 이것은 그들의 체험을 통한 직감인 만큼 비과학적이긴 하지만, 의외로 상대방의 마음을 정확하게 읽는 경우가 많다. 그렇기 때문에 그런 경영자일수록

많은 부하 직원들을 상대로 정확한 인사관리가 행해지고, 나아가서는 회사의 운영도 잘 해 나가는 것이다.

둘째 조건은, 자기 자신을 잘 컨트롤하는 경우다.

자기 컨트롤이란, 사람들을 만날 때 느끼는 갖가지의 공포를 의식적으로 억제하고 조종하는 것만을 일컫는 것은 아니다. 진정한 자기 컨트롤이란, 어떠한 상황에 처하더라도 그것에 휩쓸리지 않는 것을 말한다. 즉 자기 스스로 상황을 컨트롤하는 것이다. 그래야만 사물을 객관적으로, 즉 선입관 없이 관찰할 수 있다. 사물을 읽는 눈이 맑다는 것은 바로 이런 경우를 가리키는 것이다.

위대한 예술가, 저명한 경영자, 또는 탁월한 업적을 남긴 종교인이나 학자들 중에는 마치 선승(禪僧)처럼 자기 컨트롤을 완성한 사람들이 많다.

마지막 조건은, 심리학적인 지식을 몸에 익힌 경우다.

인간의 언동은 그 사람의 의지에 따라서 표현된다. 그러므로 사람의 마음을 제대로 이해하려면 그 사람의 말과 행동을 잘 관찰하면 된다. 사람은 '…라고 말하고 싶다'라든가, 또는 '…을 하고 싶다'는 의지가 생겨야 비로소 말이나 행동을 하게 된다. 이는 그 말이나 행동의 이면을 들여다볼 줄 알아야 한다는 뜻에 다름 아니다.

인간은 무언가를 갑자기 의식할 수 있는 존재가 아니다. 그러기에 앞서 그 사람의 의식 내부에 잠재해 있는 무의식의 갖가지 충동이나 욕구가 어떤 자극을 받아야만 하기 때문이다. 이 자극된 욕구가 그 사람의 의식으로 바뀐 다음 언동으로 옮겨지는 것이다.

이처럼 우리들은 사람의 말이나 행동에서 그 사람의 의식은 물론이고 무의식까지도 읽어낼 수가 있다. 또한 그 역으로 왜곡되거나 과장된 상대의 언동에서 그 사람의 진의를 알아낼 수도 있다.

이러한 이론은 심리학적인 지식에 의해서 얻을 수밖에 없다. 그리고 이러한 심리학적 지식을 기초로 상대방의 마음을 제대로 읽어내는 사람이 자신의 마음 또한 제대로 컨트롤할 수 있다. 결국 마음을 읽는 기술이야말로 성공적인 인간관계의 핵심 요소인 셈이다.

힘이되는 명언

고통이 남기고 간 뒤를 보라!
고난이 지나면 반드시 기쁨이 스며든다.

- 괴테

마음을 읽는 방법에 따라 달라지는 대응 방법

포착하는 시점에 따라
소통의 기술도 달라진다

많은 사람들이 소통의 기술에 흥미를 갖는 까닭은 상대방의 마음의 움직임을 정확하게 읽고 싶기 때문이며, 나아가 상대방과 잘 지내고 싶기 때문이다.

인간의 마음은 지금까지 얘기해 온 것처럼, 상대방이 무의식중에 뱉은 말이나 사소한 동작, 또는 태도 등을 통해서 짐작할 수가 있다. 가령 담배를 재떨이에 거칠게 짓눌러 껐을 때는 신경이 곤두서 있다는 뜻이며, 이맛살을 찌푸렸을 때는 불쾌한 감정이 들었다는 뜻임을 우리는 잘 알고 있다.

물론 이것도 분명 소통의 기술이다. 그러나 상대방을 잘 파악하기 위해서는 좀 더 그들의 마음속 깊이 파고들어야 한다. 왜 신경이 곤두섰는지, 왜 불쾌한지를 읽지 않으면 안 되기 때문이다..

때로 상대방은 자신의 마음을 들키지 않았을까 하는 불안감 때문에 앞서 말한 것과 같은 동작이나 표정을 보이지 않고, 오히려 미소로 적당히 얼버무리는 수도 있다.

바둑을 둘 때 이런 경향을 많이 볼 수 있다. 바둑에 이기기 위해서는 상대의 한 수만이 아니라, 다섯 수나 여섯 수 앞까지 봐둬야 한다. 때로는 속이기 위해 사석(捨石) 작전을 펼 때도 있다. 따라서 상대의 첫수에만 사로잡힌다면 판 전체를 그르치는 수도 있다.

이런 예로 미루어보건대, 상대의 마음을 어느 시점에서 포착하느냐에 따라 마음을 읽는 방법도 달라진다고 할 수 있다. 가령, 애인과 영화를 보러 가기로 약속했다고 하자. 그런데 그녀는 약속 시간에 나타나기는 했지만, 어제 맡겨둔 입장권을 잊어버리고 그냥 왔다. 그러면 남자는 그녀가 약속 시간에 맞추느라 허둥대다 표를 잊고 왔다고 생각하고는 표를 다시 사서 영화를 볼 것이다. 이는 바둑으로 치면 상대의 첫수만 본 것과 마찬가지이다.

그러나 세 수나 네 수 앞을 읽을 줄 아는 사람은 왜 그녀가 표를 가지고 오지 않았는지에 초점을 맞출 것이다. 그녀로서는 "급히 오느라고…"라는 이유를 대겠지만, 문제는 표를 잊고 온 데에 있는 것이다. 그녀의 마음 깊숙한 곳에는 그 영화에 대해 흥미가 없다든지, 영화 감상보다는 둘이서 얘기를 나누고 싶다든지 하는 욕구가 있었을지도 모른다. 여기까지 내다본 남자라면 그녀와 마음껏 얘기를 나

늡으로써 그녀의 욕구를 만족시켜 줄 것이다.

이처럼 상대방의 마음을 어떻게 읽느냐에 따라 대응하는 방법도 달라지고, 또 상대방의 욕구에 대한 만족도도 달라진다. 즉 인간의 마음은 평면적인 방법이 아니라 역학적인 방법으로 판독할 필요가 있는 것이다.

그리고 이와 같은 역학적 관점을 지니기 위해서는 상대방의 과거로부터 현재에 이르기까지의 마음의 성장 과정을 마음을 읽는 기술의 기본으로서 알아둘 필요가 있다. 상대방이 흘린 말이나 동작, 또는 태도 속에는 그들이 성장하면서 겪었던 일들이 되풀이해서 나타나기 때문이다.

힘이되는 명언

평생 살 것처럼 꿈을 꾸어라.
그리고 내일 죽을 것처럼 오늘을 살아라.
-제임스 딘

인격 형성의 과정을
세밀하게 살펴라

소통의 기술에 있어서 중요한 것은 먼저 상대방의 성격을 파악하는 것이다. 성격은 4~5세쯤에 그 핵이 형성되고 청년기가 되어 독립된 인격체를 갖는 것이 보통이다.

짧은 지식이지만, 정신분석학의 비조(鼻祖) 프로이트의 정신성발달학설을 중심으로 성격의 형성 과정을 나름대로 설명해 볼까 한다.

프로이트가 마음의 발달 과정을 설명하면서 '성'이라는 말을 쓴 것은 그럴 만한 이유가 있었기 때문이다. 이때의 '성'은 '감각적 쾌감을 구하려는 충동'이라고 확대해서 생각할 필요가 있다.

그는 마음의 현상을 설명하기 위해 정신적 에너지라는 양적 개념을 도입했다. 성 충동 에너지로 대표되는 이 에너지는 감각적 쾌감을 만족 시키기 위해 필요한 에너지이며, 이것을 프로이트는 '리비도'라고 이름 지었다.

프로이트는 인간의 마음의 발달 과정을 구순애기(口脣愛期), 항문기(肛門期), 남근기(男根期), 성기기(性器期)의 네 단계로 나누었다. 이는 리비도, 즉 성 본능이 이 네 부위에서 순차적으로 나타나기 때문이다.

필자는 이 네 단계를 정신분석학의 어려운 용어 대신, 다음과 같은 이해하기 쉬운 명칭으로 바꾸어 쓰고자 한다.

① 수유기 - 구순애기

② 배설물 버릇들이는 시기 - 항문기

③ 성별에 눈뜨는 시기 - 남근기

④ 성숙 완성기 - 성기기

인간의 성장 과정을 관찰해 보면 리비도, 즉 성본능의 충동이 나타나는 순서는 ①→②→③→④로서 이것이 바뀌는 일은 절대로 없다. 물론 본능 충동이 초기, 예를 들면 이유기에 고착되어 다음 시기로 옮겨지지 않는 경우도 있지만 말이다.

하지만 정상적으로 마음이 발달되었을 경우, 인간은 성숙 완성기에 처음으로 성인으로서의 성욕을 발현한다. 그런데 그것도 그 이전의 시기, 즉 이유기나 배설물 버릇 들이는 시기, 성별에 눈을 뜨는 시기의 본능 충동과 전혀 무관한 것은 아니다. 따라서 성숙 완성기, 즉 성인의 성욕은 그 이전 시기의 본능 충동이 결합되어 나타난 것으로 보아도 좋다.

본능 충동을 만족시키기 위해서는 상대가 필요하며, 따라서 그것을 만족시켜 줄 대상(對象) 관계가 성립되지 않으면 안 된다. 즉 본능 충동의 발현 자체는 자기의 신체 내부에서 일어나는 것이지만, 그 만족을 위해서는 대상관계를 필요로 한다는 얘기다.

만약 실제의 대상관계(본능 충동 에너지를 연소시키기에 흡족한 상대)를 잃게 되면 본능 충동, 즉 리비도는 그것을 채우기 위해 자신의 몸에서 대상을 구한다. 이것을 자체 성욕이라고 부르는데, 손가락 빨기, 손톱 깨물기 등을 그 예로 들 수가 있다.

힘이되는 명언

성공의 비결은 단 한 가지,
잘할 수 있는 일에 광적으로 집중하는 것이다.

- 톰 모나건

수유기의 감정이
정신적 발달에 영향을 미친다

갓 태어난 아기는 어머니의 젖, 또는 분유를 섭취함으로써 생명을 유지하기 위한 영양분을 공급받지 않으면 안 된다. 그런데 이 시기에, 즉 수유기에 감각적 쾌감을 채우려는 충동 —넓은 의미에서의 성욕—이 있다는 것에 대해 고개를 갸웃하며 의문을 가지는 독자들이 많을 줄 안다.

그러나 젖먹이의 행동을 자세히 관찰해보면 이 사실을 쉽게 알 수가 있다.

젖먹이는 배가 부른데도 젖꼭지를 입에 문 채 놓으려 하지 않을 뿐만 아니라, 젖꼭지를 빼내려고 하면 이내 울어버린다. 그리고 무엇이든 입 안에 넣으려 하고 빨려고 한다. 그들에게 있어 젖을 빠는 행위는 영양을 공급받는다는 의미만 있는 게 아니다. 여기에서 우리는 젖먹이가 그 밖의 동기, 즉 감각적 쾌감(성욕)을 만족시키기 위해서 그런 행동을 하고 있음을 알 수 있다.

어머니의 수유 행위는 젖먹이의 마음을 발달시키는 데 매우 중요한 구실을 한다. 즉 젖먹이는 어머니의 애무를 통해 어머니의 얼굴을 알아보게 되고, 어머니의 목소리를 알아듣게 되는 것이다. 그 결과 어머니와 젖먹이 사이에 처음으로 감정 교류가 이루어진다.

그런데 젖이 모자란다든지 젖을 먹이는 어머니의 애정이 결핍되어 있을 경우에는 이 감정 교류가 이루어지기 어렵다. 이때 느낀 젖먹이의 감정은 그가 성장한 뒤에도 계속해서 영향을 미치게 된다.

젖이 모자라거나 어머니의 애정이 결핍되어 있을 때 그들은 반사적으로 울부짖지만, 이러한 상태가 계속되면 이에 익숙해져 결국에는 젖을 빠는 힘도 욕망도 약해진다. 이것은 이제 막 세상을 접하기 시작한 젖먹이의 마음에 인간 세계에 대한 불신의 씨를 뿌리는 결과를 낳고, 결국에는 정신적 발달에 좋지 않은 영향을 미치게 된다.

그런데 젖먹이에게 이가 나기 시작하면, 어머니들은 이유를 시작한다. 이때 젖먹이와 어머니의 감정 교류가 원활하고, 서로 신뢰할 수 있는 관계가 이루어져 있을 경우에는 이유가 순조롭게 이루어진다. 그러나 그렇지 않을 경우에는 이유가 원활하게 이루어지지 않을 뿐 아니라, 소화 불량을 일으키기도 한다.

수유기의 성본능은 젖꼭지를 입에 물 때 만족감을 느낀다든가, 혹은 젖꼭지를 물고 놓지를 않는다든가 깨무는 식의 공격적인 형태로 나타난다. 전자를 구애(口愛) 마조히즘, 후자를 구애 사디즘이라고 부르는데 손톱이나 연필을 깨무는 버릇을 가진 사람들은 구애 사디즘의 경향이 강하다고 볼 수 있다.

힘이되는 명언

좋은 성과를 얻으려면
한 걸음 한 걸음이 힘차고 충실하지 않으면 안 된다.
- 단테

응석은 일체감을 구하려는
본능 충동의 발현이다

응석, 즉 의존 욕구가 인간의 마음에 싹트기 시작하는 시기는 생후 1년 반쯤 지난 이유기 때이다. 이는 젖을 떼면서부터 어머니와 자기는 별개의 존재라는 사실을 자각하게 되기 때문이다. 이런 사실을 자각하게 되면 어린아이는 어머니와 떨어지지 않으려고 애를 쓰게 되는데, 이것이 바로 '응석'이며 '의존 욕구'다.

이처럼 응석은 어머니와의 일체감을 구하려는 본능 충동의 발현이라고 할 수 있는데, 이는 어떤 일에 대한 불만을 계기로 생겨난다. 그래서 응석이 심한 사람을 "심리적 이유가 이루어져 있지 않다."라고 말하는 것이다. 좀 다른 얘기긴 하지만, 어린이가 응석을 부리면 자신이 신뢰를 받고 있는 증거라고 생각하며 만족감을 느끼는 어머니도 있다.

앞에서 밝혔듯이 응석이나 의존 욕구는 모자 사이의 신뢰 관계가 성립되어 있지 않든지, 아니면 성립되어 있어도 그 정도가 매우 약하기 때문이라고 말할 수 있다. 그렇기 때문에 의타심이 강하고 병적으로 응석을 부리는 것이다.

애정으로 맺어진 연인들을 예로 들어보자.

그들이 서로 굳은 신뢰감을 갖고 있다면, 가령 두 사람이 멀리 떨어져 있다 하더라도 마음은 언제나 안정되어 있을 것이다. 그러나 확고한 애정이 확립되어 있지 않을 때는 사소한 일에도 질투를 하고, 의심을 품게 된다.

거듭 이야기하지만, 수유기 때의 어머니와의 감정 교류는 유아의 평생을 좌우하는 매우 중요한 것이라는 점을 잊어서는 안 될 것이다.

힘이되는 명언

계단을 밟아야 계단 위에 올라설수 있다.

- 터키속담

풍부한 감정 교류는
도량과 원만함을 지니게 한다

수유기의 체험이 성격에 미치게 되는 영향을 설명하자면 다음과 같다.

첫 번째로는, 응석이나 의존심이 눈에 띄게 나타난다.

그 결과 무슨 일이든지 혼자 결정하지 못하고 걸핏하면 다른 사람과 상의를 하고, 결론까지 상대에게서 얻어내려고 한다. 그러면 상대방은 신용을 얻었다는 자기만족이 앞서 미주알고주알 의견을 제시하게 된다. 그래서 지나치게 뒷바라지를 한다고 할까, 상대방과 너무 밀접해지기 쉽다.

두 번째는, 남을 너무 믿는다.

이것은 수유기 때 어머니의 뒷바라지를 받으며 살아온 체험을 지니고 있기 때문이다. 그러나 자신의 믿음이 배반 당했을 경우에는 그만큼 원망하고 미워하고 삐뚤어지기도 쉽다. 또한 곧잘 허전해 하는 것도 이 시기의 성격적 특징이다.

세 번째 특징은, 마구 거두어들이려 한다는 것이다.

이것은 어머니의 젖을 받아먹고 싶다는, 즉 입의 점막에 의한 감각적 쾌감을 얻고자 하는 리비도에 뿌리박고 있다. 이 리비도를 충족시키기 위해 지나친 식욕이나 달변, 또는 지나친 호기심을 갖게 되고, 성인이 되어서는 술, 담배, 또는 키스 등을 좋아하게 된다.

거두어들이는 것과 반대로 아양 떠는 것, 즉 어머니의 애정을 빼앗으려는 것도 이 시기의 특징이다. 상대방의 비위를 맞추고, 잘 보이려고 애쓰는 아부꾼 타입이 이에 속한다.

그리고 구애 사디즘적인 행위, 즉 손톱을 깨문다거나 남에게 공격적으로 대드는 태도 등으로도 나타난다. 또한 수유기 때 모자간의 감정 교류가 원만하지 못했을 경우에는, 희망 또는 신뢰감 등을 갖지 못하기 때문에 의심이 많고 염세적이 될 뿐 아니라 폐쇄적인 성격을 갖기 쉽다. 특히 사랑하는 사람을 잃었을 때, 즉 실연을 당했다거나 친한 사람이 죽었을 때, 또는 이사나 전근, 정년퇴직을 했을 때 이러한 폐쇄적인 성격이 표출된다.

수유기 성격의 또 다른 특징으로는 이른바 '서로 통하는' 것을 들 수 있다. '서로 통하는' 사람들은 대화를 할 때 "그것이 저렇게 돼서 이렇게 된 거야." 하고 말해도 무슨 말인지 금방 알아듣는다. 그러나 사실 이것은 정서적으로 서로 통하고 있을 뿐 '그것'이라든가, '저렇게'라는 것을 구체적으로 알지 못하는 경우가 많다. 그래서 그들은 그 말의 뜻을 물을라치면 따지기 좋아하는 사람이라고 괜스레 싫은 표정을 짓곤 한다.

지금까지는 수유기 성격의 좋지 않은 점에 대해서만 이야기했지만, 이와는 반대로 좋은 면도 많이 있다. 예를 들어, 모자간의 감정 교류가 풍부했던 사람 중에는 두둑한 배짱을 가진 사람들이 많다. 이는 관대한 마음으로 상대를 감싸 안는 도량과 원만함을 지니고 있다는 뜻이기도 하다.

힘이되는 명언

한번의 실패와 영원한 실패를 혼동하지 마라.
- F. 스콧 피츠제럴드

반항과 고집의
심리구조는 어떻게 형성될까

수유기의 후반인 생후 8개월경부터 대부분의 어머니는 아이에게 똥오줌 가리는 버릇을 가르친다.

똥오줌이라고 하면 대부분의 사람들은 지저분한 것으로 생각하기 때문에, 이에 수반되는 감각적 쾌감이 있다고 말하면 도무지 이해가 안 간다는 표정을 지으며 동의를 하지 않는다. 그러나 조금만 깊이 생각해 보면 배설이 적잖은 감각적 쾌감을 준다는 사실을 누구나 인정할 것이다.

태어난 지 1년 정도가 지나면 항문이나 요도의 괄약근의 신경 지배가 완성되고, 이와 병행해서 새로운 본능 충동이 나타나기에 이른다.

항문과 요도의 괄약근에는 두 가지가 있다. 하나는 대소변이 차더라도 그것이 금방 새어나가지 못하도록 막아주는 작용을 하는 근(筋)이고, 또 다른 하나는 일정한 긴장도에 이르렀을 때 그것을 배출시키는 작용을 하는 근이다.

이 두 가지 근을 조종하는 법을 알게 되면, 유아는 이에 수반하는 생리적 감각을 즐기게 된다. 이때의 쾌감 추구가 바로 버릇들이기 시기의 본능 충동이라고 할 수 있다.

그런데 모자 사이의 상호 신뢰 관계가 올바로 성립되어 있지 않으면, 이때의 대소변 버릇들이기가 여간 힘든 게 아니다. 따라서 수유기에 모자의 감정 교류가 원활하게 이루어지는 것이 무엇보다 중요하다. 이로 인해 유아의 마음에 사랑이 싹트기 때문에 더욱 그렇다.

유아로서는 대소변을 가리는 것이 어머니에 대한 최초의 선물이라고 할 수 있다. 그러나 어머니와의 감정 교류가 원활하지 못할 경우에는 불만을 해소하는 새로운 방법으로서 대소변을 이용하기도 한다.

똑같은 배설이라 하더라도 어머니에게 애정을 가지고 있는 경우와 거꾸로 적의를 가지고 하는 경우는 엄연히 다르다. 가령 어떤 유아는 대소변을 오랫동안 가리지 않음으로써 어머니를 불쾌하게 만들기도 하는데, 이것을 정신분석학에서는 항문 사디즘이라고 부른다.

또한 그와 반대로 거부의 또 다른 표현으로써 배설을 참는 경우도 있다. 이러한 경향을 일컬어 항문 마조히즘이라고 부른다.

이러한 가학(사디즘)과 피학(마조히즘) 증세는 두 가지 다 반항에 뿌리를 박고 있다고 할 수 있는데, 동일인에게 때를 달리하여 나타나는 경우도 있다.

고집쟁이, 트집쟁이 등은 이 시기의 마조히즘과 사디즘에 근거를 두고 생겨난 말이라고 할 수 있다.

힘이되는 명언

절대 어제를 후회하지 마라.
인생은 오늘의 내 안에 있고
내일은 스스로 만드는것이다.

- L. 론 허바드

'버릇 들이기'와 '버릇 들여지기'의 강박감의 심리구조

앞서 말했듯이 배설물 버릇 들이는 시기는 괄약근을 자기 나름대로 조정할 수 있는 자율성을 기르는 시기다. 그래서 이 괄약근과 관련된 성격을 몸에 지닌다고 생각해도 좋다.

이 시기의 버릇들이기가 영향을 미치는 성격적 특징으로는 먼저 '꼼꼼함'을 들 수 있다. 이것은 자기 주변을 깨끗이 정리하도록 버릇 들여지는 것과 관계가 있다.

다음은 '고집불통'이 되기 쉽다. 이것은 배설이 처음으로 자기 의지를 효과적으로 주장할 수 있는 기회가 된다는 점과 관계가 있다. 즉 감정 교류가 원활하지 않은 어머니에게 대항하는 하나의 방편으로서 배설을 이용하는 것이다.

절약이 체질적으로 몸에 밴 사람, 구두쇠 등의 유아 시절을 살펴

보면, 그들이 배설물을 어머니에게 선물하기를 거부했다는 것을 알 수 있다.

이러한 경향이 그들에게 배설물은 불결한 게 아니라는 관념과 함께 절약 정신을 심어준 것이다.

금전적으로 인색한 사람은 '조이는 사람', 셈이 흐린 사람은 '조임이 없는 사람'이라고 흔히 말하는데, 이것은 괄약근의 조임과 관련된 말이다.

'강박관념'이란, 이치에 맞지 않는다는 사실을 알고 있으면서도 그러지 않고서는 견디지 못하는 것을 일컫는 말이다. 가령, 분명히 가스의 콕을 잠갔으면서도 몇 번이고 확인을 하지 않고서는 마음이 불안한 것 따위다.

이러한 '강박적 행동' 역시 이 시기의 배설 행위와 관계가 있는 것이다. 또한 "똥구멍이 작다."라는 말은 남에게 선물하는 것을 싫어하는 것을 뜻한다.

그리고 "궁둥이를 내민다(뒷수습을 부탁한다)." "궁둥이를 씻는다(뒤치다꺼리를 한다)." 따위의 말은 대소변의 뒤처리를 자기가 할 수 없는, 즉 자아가 결여되어 있는 의존적 성향을 표현한 말에 다름 아니다.

이 시기에 고착 현상을 보인 사람은 성격이 꼼꼼하고 맡은 바 일도 책임감 있게 잘하고 시간을 잘 지키는 경향이 있지만, 융통성이 별로 없고 강박적이다. 그리고 정돈을 잘하는 경향과는 반대로 칠칠치 못한, 마무리가 깨끗하지 못한 경향을 보이는 수도 있다.

너무 소심하고 까다롭게 자신의 행동을 고민하지 말라.
모든 인생은 실험이다. 더많이 실험할수록 더나아진다

- 랄프 왈도 에머슨

억압된 충동이
시간관념을 없앤다

남자라면 좋아하는 여성과 만나기로 한 약속 시간에는 절대로 늦지 않을 것이다. 아니, 늦기는커녕 30분이나 한 시간 전부터 약속 장소에 나가 기다릴지도 모른다.

이런 사람이 다른 약속은 잘 지키지 않는 경우가 있다. 그들은 "갑자기 친구가 찾아와서…"라든가 "미안해. 차가 막혀서…"라는 식으로 약속 시간을 지키지 못한 것에 대해 변명하곤 한다. 그런데 이것은 그야말로 변명에 불과하다. 독자들 중에는 "실제로 친구가 찾아올 수도 있지 않느냐?"라며 반론하고 싶은 분도 있으리라.

그러나 그와 같은 반론을 제기하는 독자는 그 스스로 유사한 이유를 붙여가며 약속 시간을 잘 지키지 않는 경향을 갖고 있다고 필자는 단언할 수 있다. 예를 들어, 좋아하는 여성과의 약속이었다면 그는 행여 기회를 놓칠까 싶어 러시아워를 예상한 대책을 강구해 두었을 테고, 갑작스럽게 방문한 친구도 적당히 돌려보내고 약속 시간을 지켰을 것이다.

여기에서 우리는, 약속 시간을 제대로 지키고 못 지키고는 약속의 내용이나 약속한 상대에 대해 얼마나 관심을 갖고 있는가에 따라 좌우된다는 것을 알 수 있다.

가령 약속 장소를 적은 약도를 잊고 나왔다거나 반대 방향으로 가는 버스를 타는 경우가 종종 있는데, 그러나 이것 역시 변명의 이유가 될 수 없다. 지각한 사람은 그 모임에 참석하고 싶은 마음이 없었던 것이다. 만약 약속 자체를 중요하다고 여겼다면 그런 실수를 범하지 않았을 것이다. 그러나 이 점을 본인은 의식하지 못한다. 이러한 의식은 마음속 깊숙이 억압되어 있는 경우가 많기 때문이다.

앞의 예에서처럼 깜박 잊고서 약도를 두고 나왔다거나 차를 잘못 타는 행위를 전문 용어로 '실착행위(失錯行爲)'라고 한다.

이 같은 행동은, 본인의 무의식 속에 억압되어 있던 충동이 자극을 받아 그대로 옮겨지는 경우로 보아도 좋다.

지각하기까지의 마음의 움직임을 살펴보면 아마 다음과 같을 것이다.

"이 모임에는 아무래도 나갈 기분이 나지 않아. 그러나 이미 참석하기로 약속을 했으니 어쩐다. 할 수 없지 뭐. 가능한 한 늦게 얼굴을 내미는 수밖에…"

약속 시간에 늦는 사람이 어떠한 변명을 하더라도, 그는 실제로 이와 흡사한 마음을 갖고 있는 것이다.

사람들 중에는 무슨 일이 있어도 약속 시간을 지키는 타입과 그렇지 못한 타입이 있다. 이것은 매사에 꼼꼼하다거나 반대로 야무지지 못하기 때문인데, 이런 성격이 형성되는 시점은 배설물을 가려내는 습관을 습득하는 시기와 일치한다.

어머니로부터 영양과 풍부한 애정을 받으며 자란 아이가 그 다음 단계로 배우는 것이 때와 장소를 가려 배설물을 가리는 일이다. 사회의 질서에 편입하기 위한 최초의 준비인 셈이다.

이 시기에 어린이는 괄약근의 사용법을 습득한다. 즉 조이는 법과 늦추는 법을 배우는 것이다. 그런데 어머니와의 감정 교류가 원활하지 못한 어린이의 경우는 어머니를 매우 불신하기 때문에 버릇 들이기가 쉽지 않다. 따라서 괄약근의 사용법을 터득하기 힘들다.

전자의 경우는 괄약근을 조이고 늦추면서 차차 꼼꼼한 성품을 형성시킨다. 그러나 후자의 경우에는 야무지지 못하고 깔끔하지 못한 성격이 싹튼다.

바로 이 시기에 형성된 성품이 어른이 되어서도 그대로 반영되어 약속 시간을 잘 지키지 못하는 행동으로 나타나는 것이다.

만약 야무지지 못한 사람을 만나거든 그의 마음속을 꿰뚫어보도록 하라. 그는 분명 약속 시간을 지키지 못한 데 대하여 갖가지 변명을 해대겠지만, 그의 마음속에는 지각을 하고 싶어하는 뭔가가 도사리고 있을 것이다.

어리석은 자는 멀리서 행복을 찾고,
현명한 자는 자신의 발치에서 행복을 키워간다.

- 제임스 오펜하임

남자와 여자와
'오이디푸스 콤플렉스'

수유기나 배설물을 버릇들이는 시기의 아이의 마음은 어머니만으로 채워져 있고, 반면 아버지의 존재는 거의 무시되어 있다. 그런데 버릇들이기의 후반, 즉 서너 살부터 예닐곱 살이 되면, 아이는 어머니가 자신만을 위한 존재가 아니고 아버지와도 가깝다는 사실을 의식하기 시작한다. 그러고는 양친 사이에 자기가 끼어들 여지가 없다는 것을 알게 된다.

이러한 인식은 자기의 모든 것, 즉 어머니를 빼앗은 아버지에 대해 질투와 증오심을 일으키게 한다. 그리고 아버지의 존재를 인정하지 않으려는 감정이 가슴속에 새겨진다.

이런 감정은 살의(殺意)와도 통한다. 그러나 아이는 '아버지만 없었으면' 하는 이런 감정을 의식하지 못하고, 반대로 질투나 미움의 대상인 아버지로부터 처벌을 받지는 않을까 하는 불안과 공포를 갖게 된다. 이 시기의 이런 불안과 공포를 '거세(去勢) 불안'이라고 한다. 또한 이 시기의 사내아이는 일반적으로 성을 구별할 수 있기 때문에 여성기(女性器)는 페니스가 잘린 상처라는 생각을 품고 있는데, 바로 이것이 거세에 대한 불안이나 공포를 부추기는 것이다.

이 시기가 되면 여자아이 역시 자기의 몸에 페니스가 없다는 것을 의식하게 된다. 그리고 어머니도 자기와 같다는 사실에 실망한다. 그러고는 페니스를 가지고 있는 아버지를 동경하고, 나아가 애정을 느끼게 된다. 정신분석학에서는 이것을 '페니스 선망'이라고 부른다.

이 '페니스 선망'의 결과, 여자아이는 지금까지 자신이 독점하고 있다고 생각한 어머니가 아버지로부터 사랑을 받고 있다는 것에 질투를 느끼고, 자기도 어머니처럼 아버지로부터 사랑을 받고 싶다는 욕망을 품게 된다.

남자아이든 여자아이든 이 시기에는 부모를 사이에 두고, 다시 말해 이성(異性)을 사이에 두고 심리적 삼각관계에 휩싸이게 된다. 이것을 '오이디푸스 콤플렉스'라고 부르는데, 이 삼각관계는 그들이 성인이 되는 과정에서 심리적으로 커다란 영향을 미친다.

부모에게 의존하지 않으면 살아갈 수 없는 아이로서는 이 '거세 불안'이나 '페니스 선망'을 어떻게든 처리하지 않으면 마음을 안정시킬 수가 없다. 바꾸어 말하면, 양친과의 화해나 조화를 모색함으로써 마음을 안정시키고자 한다. 이 단계에 깊이 고착된 사람들은 소심하고, 사양을 잘 하고, 매사에 수동적이 되기 쉽다. 이는 그들이 '거세 불안' 심리를 갖고 있기 때문이다.

지위가 높은 사람들 앞에만 서면 몸 둘 바를 몰라 하는 사람은 이 시기의 잔재를 여전히 간직하고 있다고 볼 수 있다. 그리고 지나치게 당돌하다거나 공격적인 사람, 경쟁심이 강하다거나 남달리 고집이 센 사람, 그리고 야심이 넘치는 사람 역시 '거세 불안' 심리를 갖고 있다. 다만 그 불안에 대한 반동으로서 앞서 나열한 것과 같은 성격을 갖게 되었을 뿐이다.

힘이되는 명언

절대 어제를 후회하지 마라.
인생은 오늘의 나 안에 있고
내일은 스스로 만드는 것이다.
- L. 론허바드

어머니와 아버지와 사랑과 공포

성의 구별에 눈뜰 무렵 사내아이는 아버지와의 동일화를 꾀하고 '거세 불안'에서 빠져나오려고 한다. 이것은 이 시기의 사내아이의 행동을 관찰해 보면 쉽게 알 수 있다. 가령 아버지가 출장을 가고 없을 때, 아이는 불안이나 공포의 대상이 없어졌음으로 안도감을 느낌과 동시에 "엄마, 아빠가 없어도 걱정할 필요 없어. 도둑이 들어오면 내가 엄마를 지켜줄 테니까."라는 식으로 아버지를 대신하려고 한다.

이와 같이 그들은 아버지처럼 굳세고, 위대하고, 남성적인 것과 자신을 동일화하려고 한다. 유명한 운동선수를 동경한다든지, 또는 자기가 그 선수가 된 양 착각을 일으키는 것 따위가 그런 것이다. 그러나 아이가 이런 공상에 빠져 있더라도 걱정할 필요는 없다. 이는 사내아이가 한 남자로 성장해 가는 데 있어서 꼭 필요한 과정이기 때문이다.

하지만 아버지를 남성상의 모델로 삼기에는 아버지가 너무나도 크고, 강하고, 권위적이어서 그 간격이 너무 클 때, 또는 거꾸로 아버지와 접할 기회가 적은 관계로 남성상의 이미지를 파악할 수 없을 때(가령 어머니의 과보호를 받고 있을 때), 아이들은 어머니와의 동일화를 꾀한다.

이 경우에는 어머니와 똑같은 입장에 서거나, 또는 어머니의 역할을 하기 위해서 자기도 어머니처럼 아버지로부터 사랑받고 싶다는 바람이 생긴다. 그러고는 사내아이임에도 불구하고 여성적인 행동을 하며 여자아이가 좋아하는 장난감을 가지고 놀곤 한다. 동성애적인 경향을 보이거나 아버지로서의 역할을 제대로 하지 못하는 사람은 이러한 성장 과정을 거친 경우가 많다.

한편 '페니스 선망'의 시기를 맞은 여자아이는 자신 또한 어머니처럼 아버지로부터 사랑을 받고 싶다는 바람이 생긴다. 그래서 아버지를 사랑하고 있는 어머니에게 강한 질투를 느끼게 된다. 그러나 직접적으로 어머니에게 질투를 하게 되면, 지금까지의 의존 관계가 깨어지고 어머니로부터 처벌을 받을지도 모른다는 공포가 마음속에 싹튼다. 그러곤 이 공포로부터 도피하기 위해 어머니와의 동일화를 꾀한다. 그럼으로써 처벌을 모면함과 동시에 아버지로부터 어머니처럼 사랑을 받겠다는 무의식이 작용하게 되는 것이다.

이 시기의 여자아이를 자세히 관찰해 보면, 마치 어머니가 아이를 뒷바라지하는 것처럼 인형을 다룬다는 것을 알 수 있다. 또 소꿉장난을 할 때도 어머니 역할을 맡는다. 즉, 어머니와의 동일화를 꾀하고 있는 것이다.

이러한 어머니와의 성적 동일화가 순조롭게 진행되지 못하고 아버지, 혹은 오빠 등을 통해 남성과의 동일화를 꾀했을 경우에는 이른바 페니스를 가진 여자, 그러니까 남자 뺨치는 여자가 되는 것이다.

행복의 문이 하나 닫히면 다른 문이 열린다.
그러나 우리는 종종 닫힌 문을 멍하니 바라보다가
우리를 향해 열린 문을 보지 못하게 된다.
- 헬렌켈러

개인과 사회와의 상관관계를 일컫는 자아 동일성

주체성을 갖고 책임을 다할 때 자아 동일성은 확립된다

정상적인 마음의 발달 과정을 거친 사람의 경우는 청년기의 마지막이라고 할 수 있는 24~25세 무렵에 일단 성격의 기본 틀을 갖추게 되고, 그 후 인생을 체험하면서 대체로 40~50세에 이르면 인격을 완성한다.

이처럼 자아는 어느 한 시기에 급속히 발달하거나 완성되는 것이 아니라, 수유기(구순애기) 때부터 서서히 발달되어 가는 것이다. 흔히들 "자아가 강하다."라는 말을 자기주장이 강하거나 자의식 과잉, 또는 뱃심이나 투쟁심이 강하다는 뜻으로 받아들이는 경우가 많은데, 여기에서 말하는 '자아'는 그 내용이 다르다.

'자아의 강함'을 판단하는 근거는 다음과 같다.

첫째, 자신을 에워싼 현실 환경의 소용돌이 속에 휘말리지 않고,

냉정하게 객관적으로 사물을 볼 수 있는 능력을 갖추고 있는가?

둘째, 무의식 속에 잠재된 욕구 충동이나 에너지, 또는 마음의 갈등 등을 견뎌낼 수 있는 힘이 어느 정도 있는가?

셋째, 정서적으로 안정되어 있고 유연성이 있는가?

정서가 불안정하다는 것은 자아가 연약하다는 말과 같다. 정서가 불안정하면 주위 환경에 따라 기분이 좋아지기도 하고 시무룩해지기도 하는 등 감정적이 되기 쉽다. 또한 사고방식이나 언동까지도 충동적이 된다.

반대로 '자아가 강하다'는 것은 정서가 안정되고, 본인의 퍼스낼리티로서의 일관성과 연속성을 갖추고 있는 상태를 말한다. 또 현실 환경과의 관련 속에서 퍼스낼리티의 통합성을 잃지 않고 있다는 뜻이다.

'자아 동일성'이란 자기 자신의 일관성 및 집단 안에서의 타인과의 공존성, 즉 개인과 사회와의 상관관계를 표현한 말에 다름 아니다.

이처럼 남성 또는 여성으로서의 자기(성적 동일성), 가족의 일원으로서의 자기(가족 동일성), 회사원으로서의 자기(직업 동일성), 국민의 한 사람으로서의 자기(국가 동일성) 등 주위 환경의 기대에 부응하는 역할을 주체성을 가지고 책임을 다할 때 진정한 자아 동일성이 확립되는 것이다.

인간은 누구나 조직이나 집단에 소속되어 살 수밖에 없다. 그리고 그 조직에 적응하기 위하여 애를 쓴다. 또한 새로운 환경이나 조직에 들어갔을 때는 그 조직에 적응하기 위해서 심리적인 발돋움을 하게 마련이다. 가령 어느 파벌에 속한 사람은 그 파벌에 맞는 체취를 풍기고, 또 ○○회사의 샐러리맨은 그 회사의 타입에 맞는 이미지를 풍기는 경우가 그 예다.

힘이되는 명언

직업에서 행복을 찾아라.
아니면 행복이 무엇인지 절대 모를 것이다.
- 엘버트 허버드

7가지 방어기제로
소통의 기법을 습득하라

모든 인간은 자신을 에워싸고 있는 외부로부터 스트레스를 받게 마련이다. 그리고 갖가지 수단을 동원해 그것을 방어하려고 한다. 이것을 방어기제라고 부른다. 이 방어기제는 다음의 7가지로 나눌 수 있다.

❶ 억압

이것은 글자 그대로 마음 깊은 곳에 있는 욕구 충동이 너무 크다든지 본인 스스로 그 충동을 용인할 수 없을 경우에 나타나는 마음의 작용이다.

스스로 감당하지 못할 욕구 충동을 의식하게 되면 마음이 혼란스러워지고 불안해지기 때문에 무의식적으로 이러한 방어기제를 작동시키는 것이다. 억압은 부모의 교육이 지나치게 엄격했다거나 본인의 양심, 그리고 종교나 가치관 등에 의해 크게 좌우되기 쉽다.

❷ 섭취

대상 인물에 대해 증오나 공포, 또는 정복욕 등을 가지고 있을 경우에는 이를 상대가 알아챌까 봐서 초조해하고 불안해 한다.

이때 이런 불안을 불러일으키게끔 하는 원인 제공자를 자기 안으로 흡수하고자 하는 방어기제가 작동한다. 그럼으로써 상대가 마치 눈앞에 존재하지 않는 것처럼 행동하려고 하는 것이다.

❸ 동일화

이것은 앞서 말한 섭취와 밀접한 관계가 있고, 실제로 이 둘은 구별이 곤란할 때가 많다.

대상 인물에 대한 열등감이나 선망이 의식의 바탕에 있고, 이에 대한 불안감 때문에 상대의 직업이나 신분, 그리고 재능이나 태도, 말씨, 복장 등을 닮고 싶어 하는 방어기제다. 그 이면에 질투가 감추어져 있는 경우가 많다.

❹ 투사

투사는 섭취의 역기제로서, 섭취가 외부의 것을 자기 안에 수용하는 데 반해, 자기 안의 것을 밖으로 내보내려는 작용을 한다.

예를 들면, 빌린 돈을 제때 갚지 못한 상태에서 채권자를 만나게 되면 자기 쪽에 잘못이 있는데도 불구하고 돈을 갚지 못했다는 불안감 때문에 상대를 불쾌하게 보는 것 따위가 이에 해당된다.

❺ 반동(反動)

강한 성적 충동이나 적의, 공포, 또는 증오심을 가지고 있을 때, '마음에도 없는 짓'을 하는 방어기제다.

겉으로는 공손한 척하면서 무례한 사람의 마음의 이면에는 이런 충동이 감추어져 있다. 비근한 예를 들자면, 음담이 오갈 때 젊은 여성이 "듣기 싫어!" 하고 귀를 막는 것은, 성에 관한 자기의 호기심이 노출되는 것에 대한 수치심, 불안감에서 비롯된 반동 작용인 경우가 많다.

❻ 합리화

본인의 욕구 충동 에너지에서 비롯된 생각이나 언동을 의식적으로 용인하기 어려울 때, 이러한 불안을 감추기 위해서 억지를 부린다거나 또는 궤변이나 변명 등을 늘어놓으면서 자기의 생각이나 행동을 합리화시키고자 하는 마음의 방어기제다.

❼ 퇴행(退行)

욕구 불만에 직면했을 때, 과거의 어떤 한 과정으로 돌아가 그 단계에서 만족을 얻으려고 하는 마음의 방어기제다.

예를 들자면, 직장 상사라든지 윗사람한테 꾸지람을 들었을 경우 술로 기분을 푸는 것 등은 입으로 만족을 얻을 수 있었던 수유기로 퇴행하는 셈이다.

하루에 3시간을 걸으면 7년 후에
지구를 한바퀴 돌 수 있다.

- 사무엘존슨

입과 턱의 생김새로
사람의 마음을 읽는 법

입은 남성의 경우 배짱과 강인함과 사업운을, 여성의 경우 자손의 유무와 건강과 남편운을 판단하는 자료이다. 일반적으로 남성은 입이 크고 입술이 두터운 것이 좋고, 여성은 입이 크지 않고 입술이 얇은 편에 야무지게 닫혀 있는 것이 좋다. 그리고 턱은 그 사람의 성격을 나타낸다. 하관에서 가장 중요한 위치를 차지하는 턱은 광택과 살집에 따라서도 성격과 운세를 살펴볼 수 있다.

▶큰 입

성격이 호탕하고 결단력이 뛰어나 통솔력이 있다. 대담한 일 처리로 많은 재물을 모아 부를 누리며 산다. 그러나 과욕으로 크게 고통스런 일을 당하고 이성으로 인해 어려움을 겪을 수가 있다.

▶작은 입

소심한 성격으로 투쟁력이 약하고 포부도 작아 무슨 일이고 앞장서지 않는다. 분수에 맞는 일로 열심히 기반을 닦아가는 상으로 남의 위에 서더라도 성공하지 못하고 강한 상대와는 맞서지 않는다.

▶반달 입

입을 다물었을 때 반달 모양으로 이가 희고 입술이 붉으면 학문에 뛰어나다. 애정생활이 좋고 환경 변화에 적응력이 좋다.

▶양쪽 끝이 올라간 입

성격이 명랑하며 사물을 선의로 해석하려는 활달한 상으로 머리가 총명하고 문장력이 좋다.

▶양쪽 끝이 처진 입

고집이 세고 거만해 모든 일을 나쁜 쪽으로 해석하며, 다른 사람의 의견을 잘 듣지 않는다. 노력이 부족하고 낭비가 많아 재물이 모아지지 않는다.

▶윗입술이 나온 입

개성이 부족하고 주장이 약해 남에게 잘 이끌려 다닌다. 소심하며 겁이 많다. 근면 성실하며 다정다감하여 가정을 소중하게 여긴다.

▶ 아랫입술이 나온 입

성격이 이기적이고 무슨 일이나 따지고 반대부터 해놓고 본다. 그래서 동료들과 마찰이 심해 직장생활보다는 자영업이 좋다. 노력은 많이 해도 성과가 없고, 낭비가 많다.

▶ 입술이 두꺼운 입

입술이 너무 두터운 남자는 야심이 많은 탓으로 만족을 모르고, 여자는 성욕이 많아 과부가 되기 쉽다. 이성에 대한 관심이 많다.

▶ 뾰족한 턱

잔소리가 많고 부하운, 자식운이 없으며 정신적인 일을 하게 되는 경우가 많고 신경질적이다. 창의력, 독창성은 뛰어나지만 끈기가 부족하고, 마음이 여려서 변덕이 심한 편이다. 예술적인 분야에 알맞다.

▶ 네모난 턱

정면에서 보았을 때 모서리가 넓게 각이 진 턱을 가진 사람은 자기주장이 강하고 끈기가 있으며 스태미나가 뛰어나다. 살집이 두툼한 경우에는 부하운도 좋고 말년에 자식운도 있다.

▶주걱턱

마치 주걱처럼 길게 튀어나온 턱은 재산을 의미한다. 이기적인
성격이 강하고 욕심이 많아 축재에 밝은 반면, 자기주장이 지나치게
강해서 친구들에게 욕을 먹을 경우가 있다. 그러나 선천적으로 타고
난 성격 때문에 교제에 능해서 주위에는 늘 친구가 끊이지 않는다.

▶턱이 짧은 사람

턱이 짧은 사람은 의지력이 약하고 소심한 성격이다. 그러나 유
머가 풍부하고 재치가 있어서 인기를 끈다. 유흥에 탐닉하지 말고
현실적인 생활에 신경을 쓴다면 아주 좋은 운이다.

진정으로 웃으려면 고통을 참아야하며,
나아가 고통을 즐길 줄 알아야 해.
- 찰리 채플린

편견을 버리고
중립적인 마음의 상태가 되자

우리들이 일상에서 접하게 되는 한 사람 한 사람은, 지금까지 이야기해 온 것처럼 개개인의 마음의 발달 과정에서 온갖 체험을 겪으며 현재를 살고 있다고 할 수 있다. 그리고 대인관계나 그 밖의 것들에 의해 자극을 받고 말이나 행동, 또는 태도 등으로 반응을 나타낸다.

소통의 기술이란 바로 그 반응을 통해서 상대의 마음의 움직임을 알아차리는 기법을 말한다.

이 기법을 통해 사람의 마음을 파악하는 방법에는 여러 가지가 있다. 그중에서 가장 먼저 들 수 있는 방법으로는 상대방의 반응을 자기의 체험과 비교하면서 직관적으로 판독하는 것이다.

다행히도 인간은 어떤 자극을 받게 되면 일정한 말이나 행동을 함으로써 반응을 나타내는 경향이 있기 때문에 마음을 읽기가 쉽다. 가령, 증오심을 가지고 있을 때는 상대를 용서 한다든지, 약속 시간이 한참 지났는데도 상대가 나타나지 않으면 신경질이 나서 계속 담배를 피운다.

소통의 기술을 익히는 목적은, 상대의 마음의 움직임을 파악하고 그에 적절히 대응하여 바람직한 인간관계를 형성·유지하는 데에 있다.

따라서 욕설을 들었음에도 고개를 끄덕여준다든지, 오히려 상대방을 달래주는 것도 비록 바람직하지는 않지만, 원만한 인간관계를 유지하기 위한 하나의 방법이 될 수도 있을 것이다. 실제로 많은 사람들이 일상생활을 하면서 이런 방법을 쓰고 있다.

그러나 꼭 이 방법을 써야만 상대방과의 바람직한 인간관계가 유지된다고는 할 수 없다. 그것은 부모와 자식 사이의 단절, 가정 폭력, 말다툼 끝에 일어나는 상해 행위 등으로 꽉 채우고 있는 신문이나 텔레비전의 뉴스들을 봐도 알 수가 있을 것이다.

또한 중년의 샐러리맨이 상사와 젊은 사원들 사이에 끼어서 자신과 직접 관련도 없는 쓸데없는 일로 고민하는 것 따위도 상대의 마음을 읽는 능력이 부족한 데서 기인하는 현상이라고 할 수 있다.

인간을 둘러싼 환경은 갈수록 각박해지고 유동적인 방향으로 변화하고 있다. 그리고 이와 같은 환경에 의한 자극에 대응하는 인간의 반응도 다양화되고 있다. 따라서 항상 하던 대로 자기 나름의 직관으로 상황을 판단해서는 상대의 마음의 표층만을 스쳐갈 뿐이다.

그렇게 해서는 문제의 핵심을 놓치고 상황을 잘못 판단할 가능성이 크다. 그래서 필자는 현대인의 마음을 정확히 읽고, 상대에 대한 이해를 깊게 하기 위한 소통의 기술 이론을 전개해 온 것이다.

자극에 대한 인간의 반응(말이나 행동, 또는 태도)은 자기를 둘러싼 환경 속에서 나름대로 적응해 가기 위한, 즉 마음의 균형을 잡기 위한 최상의 수단으로서 구현된 것이다.

물론 모든 인간이 이런 것들을 의식하고 있다고는 단정할 수 없다.

어떤 사람이 남들과 똑같은 처지에 놓여 있다고 해서 남들과 똑같은 반응을 나타낸다고 할 수는 없다. 그렇다면 왜 그가 특별히 그런 반응을 보였는가를 생각해 볼 필요가 있지 않을까.

여기서 우리는 그가 특별한 반응 양식을 보인 것은 그 나름대로 마음의 발달 과정을 거치면서 형성된 무의식의 발현이라는 점을 상기해야 한다.

이것은 거꾸로, 어떤 자극에 대해 어떻게 반응하는가 하는 것을 통해서 상대의 마음의 발달의 역사를 알아볼 수 있을 뿐 아니라 그의 성격적 특성까지 알아낼 수 있다는 사실을 시사하고 있다.

이것은 상대편만의 문제가 아니다. 상대의 마음을 읽으려고 노력하는 우리들의 마음 역시 과거로부터 쌓아 올려진 것이기 때문에 그렇다.

요한 볼프강 폰 괴테는 이렇게 말했다.

"인간을 현재의 모습으로 판단한다면 그는 더 나빠질 것이다. 하지만 그를 미래의 가능한 모습으로 바라보라. 그러면 그는 정말로 그런 사람이 될 것이다."

따라서 상대의 마음을 판독하기 전에 우리 자신의 성격적 특성을 파악하고, 상대에 대한 우리들의 마음이 지금 어떠한 상태에 있는가를 먼저 아는 것이 중요하다. 즉 상대에 대한 편견이나 색안경을 벗고 중립적인 마음의 상태가 되어야 한다는 뜻이다.

결론적으로 말한다면, 상대방의 마음을 함부로 들여다보려고 하지 마라. 상대의 마음을 들여다보기 전에 자기의 마음부터 정확히 판독하는 것이야말로 소통의 기술에 있어 가장 중요한 기법이라는 사실을 꼭 명심해야 할 것이다.

지금이야 말로 일할 때다.
지금이야말로 싸울 때다.
지금이야말로 나를 더 훌륭한 사람으로 만들 때다.
오늘 그것을 못하면 내일 그것을 할 수 있는가.

- 토마스 아켐피스